Strategisches Management

Denken – Führen – Handeln

Was eine gute Führungskraft ausmacht – 2 in 1

Mitarbeiterführung effektiv einsetzen + Teams führen – aber richtig!

Rafael Schulte

Niels Davidek

Inhaltsverzeichnis

Mitarbeiterführung effektiv einsetzen

Grundlegende Führungstechniken, Führungsstile und Führungskompeten-zen lernen und gezielt anwenden

Rafael Schulte

1. Einführung

Wer Führungsaufgaben übernimmt, ist oft überfordert. Das ist normal und gerade, wenn Du das erste Mal Personalverantwortung trägst, wirst Du Dich erst einmal hilflos fühlen. Dieses Buch soll Dir eine Hilfestellung geben, um zumindest etwas Orientierung und praktische Tipps zur Hand zu haben.

Die Art und Weise Mitarbeiter zu führen hat Frederick W. Taylor erstmals in den 20er Jahren in einem System beschrieben. Ihm ging es damals noch darum, die industrielle Produktion effizienter zu gestalten. Er teilte die Arbeit auf und formulierte Grundlagen des Managements, wie sie auch heute noch in vielen Unternehmen gelten.

Aber die Zeiten haben sich geändert: In den meisten Unternehmen arbeiten heute hoch qualifizierte Mitarbeiter, die sich nicht in einfache Arbeitsabläufe pressen lassen wollen, sondern Verantwortung suchen. Sie sind Spezialisten auf ihren Gebieten und brauchen ein Umfeld, in dem sie ihre Expertise auch einbringen können.

Schon in den 50er Jahren kritisierte *Peter Drucker* in seinen Werken den industriellen Ansatz und sprach von den Wissensarbeitern, die ein Unternehmer motivieren müsse. Er war es auch, der das Management by Objective oder das Führen durch Zielvereinbarungen entwickelte, welches noch heute eine der bedeutendsten Methoden der Mitarbeiterführung ist und längst Einzug in die Betriebswirtschaftslehre gehalten hat.

Drucker setzte sich auch dafür ein, dass Manager ihren Horizont erweitern, dass Führung auch noch andere Aspekte beinhaltet, wie Soziologie, Philosophie und Kultur und dass Manager heutzutage eine große gesellschaftliche Verantwortung tragen: "In der modernen Gesellschaft gibt es nur Manager als Führungskräfte. Wenn die Manager der großen Unternehmen und Organisation, vor allem aus der Wirtschaft, keine Verantwortung für das Gemeinwohl übernehmen, dann wird es keiner machen können oder wollen."[1]

Drucker war es, der die Aufmerksamkeit nicht allein auf den Manager richtete, sondern auch auf den Mitarbeiter. Dieser war nicht mehr nur ein Arbeiter, der Befehle oder Anordnungen ausführte, sondern Kompetenzen hatte, die im fachlichen Bereich oft über die des Vorgesetzten hinausgingen.

Heute hat sich das Bild des Managers gewandelt. Aufgabe von Führungskräften ist es nicht mehr, Mitarbeiter zu verwalten oder zu managen, sondern ihnen das bestmögliche Umfeld zu bieten, um ihre Arbeit erfolgreich zu machen. Sie müssen dabei aber auch immer das Wohl des Unternehmens im Blick haben. Der Präsident der Weltbank, *Jim Yong*

---

[1] Drucker, P. F. (1979): Adventures of a Bystander, S. 288

Kim, bringt es auf den Punkt, wenn er gefragt wird, wie sein Arbeitstag aussieht:[2]

> "Ich bin die ganze Zeit mit verschiedenen Leuten in Besprechungen und versuche erstens meinen Mund zu halten, wenn eine Äußerung von mir die Entscheidung beeinflussen würde, um dann zu entscheiden, wenn niemand anderes eine Entscheidung treffen kann."

In diesem Buch sollst Du einen Überblick darüber bekommen, wie Du Mitarbeiter führen und motivieren kannst, mit dem Schwerpunkt auf kleinere und mittlere Unternehmen. Es geht darum, Dir sowohl die klassischen Methoden der Mitarbeiterführung vorzustellen als auch moderne Ansätze, die in immer mehr Unternehmen Anwendung finden.

---

[2] Freakonomics Podcast (2019): Hacking the World Bank, Interview Jim Yong Kim, Episode 197, Minute 31:00

2. Aufgaben der Führung

Bevor Du lernst, wie man Mitarbeiter führt, solltest Du verstehen, welche Aufgaben Du als Führungskraft, Manager oder Unternehmer hast. Der Buchautor Bernd Lieber beschreibt die Aufgaben von Führung als in zwei Bereiche aufgeteilt – die **sachorientierten** und die **personalorientierten Führungsaufgaben**.[3]

Zu den sachorientierten Aufgaben gehören:

- Planung

- Entscheidung

- Organisation

- Kontrolle

- Ergebnisverantwortung

- Zukunftsgestaltung

Zu den personalorientierten Aufgaben zählen:

- Personalauswahl

- Teamführung

---

[3] Lieber, B. (2017): Personalführung, 1. Auflage, Stuttgart; vgl. auch Wiedmann, S. (2006): Erfolgsfaktoren der Mitarbeiterführung – Interdisziplinäres Metamodell zur strukturierten Anwendung einsatzfähiger Führungsinstrumente, S.98

- Delegation

- Motivation

- Förderung

Beide Bereiche sind gleich stark gewichtet, wobei der Aufwand sich zunehmend in den personalorientierten Bereich verschiebt. Lieber erweitert die Liste der Funktionen gegenüber dem Personal sogar noch um folgende Bereiche:[4]

- "Mitarbeiterauswahl und -integration"

- "Delegation, Zielvereinbarungen und Kontrolle"

- "Mitarbeiterbeurteilung, Mitarbeiter bestätigen oder korrigieren"

- "Einschätzung und Entwicklung von Mitarbeiterpotenzialen"

- "Durchführung von Änderungsprozessen und Umgang mit Mitarbeiterwiderständen"

- "Eingehen auf Besonderheiten von Mitarbeitergruppen"

Heute werden in den meisten Managementseminaren Führungskräfte in den personalorientierten Aufgaben geschult und auch dieses Buch hat seinen Schwerpunkt darauf gerichtet.

---

[4] Lieber, B. (2017): Personalführung, 1. Auflage, Stuttgart, S. 109

Neben den oben genannten Funktionen kommen aber noch zwei weitere wichtige Aspekte hinzu:

- Menschen entwickeln

- Konflikte lösen

Eine Beförderung reicht heute genauso wenig aus wie eine Gehaltserhöhung, um Mitarbeiter weiterzuentwickeln. Als Führungskraft wird es Deine Aufgabe sein, ihnen neue Aufgaben zu geben, die eine Herausforderung darstellen, bei denen sie aber auch Verantwortung übernehmen können. Du wirst ihnen die Leitung von Teams übertragen, sie aber auch nur Teil eines Teams sein lassen, wenn es angebracht ist. Außerdem müssen, vor allem in den modernen Industrien, Mitarbeiter ständig weitergebildet werden, weil sich Wissen und Technologie heute rasant verändern.

3. Führungsstile

Experten und Gelehrte haben über Jahrzehnte hinweg verschiedene Führungsstile entwickelt, vorgeschlagen und wieder verworfen. Nach wie vor sind aber alle diese Stile zu finden, auch wenn das nicht immer zielführend ist. Damit Du jedoch weißt, welcher Führungsstil der richtige oder der falsche – oder der für Dich am besten geeignete – ist, solltest Du zumindest die wichtigsten Stile kennen.

Unabhängig davon, welche Organisationsstruktur Deine Firma hat und welche Unternehmensvisionen formuliert wurden, wirst Du Dich für einen bestimmten Führungsstil entscheiden müssen. Auch hier hängt der Erfolg der Firma davon ab, welche Entscheidung Du triffst. Firmengründer neigen oft dazu, alles selbst machen zu wollen und wenig zu delegieren. Das wird Mitarbeiter jedoch schnell demotivieren.

In der betriebswirtschaftlichen Theorie spricht man von zwei unterschiedlichen Ansätzen, wenn es um die Führung geht, den realtypischen und den idealtypischen Ansatz. Der realtypische Ansatz beschreibt solche Führungsstile, die auf gemachten Erfahrungen basieren. Sie werden in **drei Kategorien** unterteilt:

- Autoritärer Führungsstil

- Kooperativer Führungsstil

- Laissez-Faire-Führungsstil

3.1 Autoritärer Stil

Der **autoritäre Führungsstil** gibt der Führungskraft höchste Entscheidungsbefugnis, Mitarbeiter sind nur ausführende Kräfte und die Kommunikation findet fast nur einseitig von oben nach unten statt. Es gibt keine gemeinsamen Entscheidungsprozesse, Kritik wird unterdrückt und bisweilen sogar bestraft. Mitarbeiter zeigen wenig Motivation, oftmals haben sie Angst vor der Führung, was ihre Leistung ebenfalls mindert. Einen autoritären Führungsstil findet man oft bei Firmen, die vom Eigentümer geführt werden, aber auch bei besonders charismatischen Unternehmern. So war Steve Jobs für einen solchen Führungsstil bekannt und auch Amazon-Gründer Jeff Bezos wird nachgesagt, sehr autoritär zu führen. Den Mitarbeitern erscheinen viele Maßnahmen oft als willkürlich und diese werden ihnen oftmals auch nicht hinreichend erklärt.

Vorteile:

- Entscheidungen werden schnell getroffen

- Kein Kompetenzgerangel

- Klare Verantwortlichkeit bei der Führung

Nachteile:

- Mitarbeiter sind demotiviert

- Kein innovatives Umfeld

- Überforderung der Führung

3.2 Kooperativer Führungsstil

Dieser ist quasi das Gegenteil des autoritären Führungsstils. Die Mitarbeiter werden dabei in (fast alle) Entscheidungen mit einbezogen, oftmals wird ein Konsens gesucht und erst entschieden, wenn alle Mitarbeiter auch mit dem Ergebnis zufrieden sind. Kritik ist nicht verboten, sondern wird verlangt und Fehler werden nicht als persönliche Schwäche gesehen, sondern als Ansporn, es besser zu machen und daraus zu lernen. Mitarbeiter sind oft motivierter, weil sie in Entscheidungen mit einbezogen werden und sich als Teil des Prozesses sehen. Die Identifikation mit dem Unternehmen ist oft groß. Allerdings können kooperative Entscheidungsprozesse auch langwierig sein und manche Mitarbeiter ermüden. Sie lösen nicht alle Probleme, zum Beispiel wenn es um Kündigungen geht. Eine Gefahr besteht, wenn bei einem wichtigen Anliegen kein Konsens gefunden wird und das Unternehmen dadurch gelähmt wird.

Vorteile:

- Hohe Mitarbeitermotivation

- Feedback hilft, langfristig Fehler zu vermeiden

- Innovation und Kreativität

- Entscheidungen werden von allen getragen

- Hohe Identifikation

Nachteile:

- Langer Entscheidungsprozess

- Lähmung bei Nicht-Konsens

Eine etwas abgemilderte Form ist der **demokratische Füh-rungsstil,** bei dem Entscheidungen oft abgestimmt werden. Auch das ist nicht ideal, weil dann die Minderheit oftmals Widerstand erzeugt, da sie sich als Verlierer sieht, vor allem bei knappen Entscheidungen.

3.3 Laissez-Faire-Führungsstil

Beim Laissez-Faire-Führungsstil dürfen die Mitarbeiter weitgehend selbständig arbeiten, bekommen dafür aber kaum eine Vision vermittelt und nur wenig Anleitung. Führung wird passiv ausgeübt, Entscheidungen nur getroffen, wenn darum gebeten wird. Eine proaktive Führung findet nicht statt. Oftmals werden Entscheidungen in den unteren Führungsebenen getroffen, ohne aber mit den strategischen Zielen abgestimmt zu sein. Mitarbeiter fühlen sich oft allein gelassen und vermissen eine klare und eindeutige Orientierung. Sie schätzen zwar die Autarkie, diese geht ihnen aber meistens zu weit. Der Laissez-Faire-Stil ist meistens nur so lange erfolgreich, bis Probleme auftauchen. Diese erreichen die Führung dann zu spät und meistens ist sie mit einer Lösung komplett überfordert. Im schlimmsten Fall kann das ein Unternehmen in ernsthafte Schwierigkeiten bis hin zum Konkurs bringen.

Vorteil:

- Mitarbeiter können viel selbst entscheiden

Nachteile:

- Keine Orientierung

- Demotivierte Mitarbeiter

- Unfähig, in Krisen zu reagieren

Es gibt darüber hinaus noch die **tradierten Führungsstile**, wie sie meistens in der Vergangenheit vorhanden waren, aber auch heute noch gerade in inhabergeführten Unternehmen gefunden werden können:

- Charismatische Führung

- Autokratische Führung

- Patriarchalische Führung

3.4 Charismatischer Stil

Bei der **charismatischen Führung** überstrahlt das Charisma des Unternehmensführers alles andere. Er wird verehrt und niemals kritisiert, die Mitarbeiter sind zu großen Opfern bereit. Das Problem dabei ist nur, dass es kaum Innovation und Verbesserungen gibt. Tesla-Gründer *Elon Musk* gehört in diese Kategorie und *Steve Jobs* war es ebenfalls.

Gleiches gilt beim **patriarchalischen Führungsstil**. Auch wenn dieser nicht so rigide ist, liegen die Entscheidungen doch meisten ausschließlich in den Händen des Eigentümers, der meistens das Unternehmen als Familienbetrieb leitet. Diesem Stil wird unterstellt, dass man mit Güte und väterlicher Strenge ein Unternehmen führen kann. Aber hier müssen sich Mitarbeiter unterordnen und Kritik ist selten erlaubt. In Deutschland wurden vor allem nach dem Krieg viele Firmen so geführt, ein prominentes Beispiel ist die Familie Krupp.

Die wohl schlimmste Form des Führungsstils ist der **autokratische Führungsstil**. Hier herrscht der Unternehmer wie ein
Diktator, verteilt Befehle und bestraft jegliche Kritik und
selbst kleinste Verbesserungsvorschläge. Dennoch gibt es
auch Firmen, die lange Zeit so funktionierten, wie zum Beispiel im Falle von Martin Winterkorn, der einst dem VW-
Konzern Millionen einbrachte, aber auch die Dieselaffäre.

3.5 Transformationale Führung

Eine der aktuell in der Betriebswirtschaftslehre und in Ma-
nagementkreisen beliebten Führungsmethoden ist die transformationale Führung. *Professor Lutz von Rosenstiel* hat in
seinem Buch über Mitarbeiterführung die transformationale
Führung wie folgt beschrieben:[5]

> "Das Konzept wird dann leichter verständlich, wenn
> man es mit jenem der 'transaktionalen' Führung kon-
> frontiert. 'Transaktionale' Führung meint, dass es zwi-
> schen dem Vorgesetzten und dem Mitarbeiter so et-
> was wie einen Tausch, ein Geben und Nehmen gibt.
> Verhält sich der Mitarbeiter so, wie es der Vorgesetzte
> wünscht, so erhält er als Gegenleistung Anerkennung,
> freundliche Zuwendung, Förderung, Freiraum für
> selbstständiges Handeln und Unterstützung bei der

---

[5] von Rosenstiel, L. (2002): Mitarbeiterführung in Wirtschaft und
Verwaltung - Anstöße zur Ermutigung, München, 3. Auflage

Laufbahnentwicklung. Es ist also ein Marktgeschehen, ein rational begründetes Austauschverhältnis. Bei der transformationalen Führung sieht das anders aus. Hier wird der Geführte durch die Persönlichkeit und das Handeln des Vorgesetzten gewissermaßen 'transformiert', verwandelt, auf ein höheres Niveau gehoben. Er erwartet für seinen Einsatz keine Gegenleistung, sondern es befriedigt ihn, durch und mit diesem Vorgesetzten bestimmte Dinge zu bewegen, Ziele zu erreichen. Damit ähnelt die transformationale Führung dem Konzept des Charismas, das vor ca. einem Jahrhundert die Diskussion um die Wirkung von Führung stark geprägt hat. Es gibt inzwischen standardisierte Fragebogenverfahren, die von den Mitarbeitern ausgefüllt werden, mit deren Hilfe es sich feststellen lässt, in welchem Maße der Führende zur transformationalen Führung neigt."

Du kannst eine transformationale Führung immer dann erkennen, wenn Mitarbeiter in Befragungen angeben, durch die Person und das Verhalten des Vorgesetzten positiv beeinflusst zu werden, stolz zu sein mit der Person zusammenarbeiten zu dürfen oder sich auf eine neue Wissensebene durch die Förderung begeben zu haben.

Sie vereinigt damit die positiven Seiten des charismatischen und patriarchalischen Stils, nämlich ein Vorbild zu sein und sich ernsthaft um das Wohlergehen der Mitarbeiter zu sorgen. Du wirst Dich aber dabei immer auf einem schmalen Grat bewegen, denn die Gefahr ist auch groß, ein Äquivalent zu den Helikoptereltern zu werden, also ein Vorgesetzter, der aus reiner Sorge die Mitarbeiter überkontrolliert.

Studien haben jedoch gezeigt, dass diese Form der Führung durchaus Erfolge zeigt und Mitarbeiter motivierter aber auch lernbereiter sind und Konflikte schneller lösen können.[6]

---

[6] Dumdum, U. R.; Lowe, K. B. & Avolio, B. J. (2002): A meta-analysis of transformational and transactional leadership correlates of effectiveness and satisfaction - An update and extension. In Avolio, B. & Yammarino, F. (Hrsg.): Transformational and charismatic leadership: The road ahead, S. 35-66, Amsterdam: JAI

4. Führungstechniken

In einem Buch für Jugendgruppenleiter wurde in den 80er Jahren gesagt, dass es drei Grundregeln gäbe, um eine Jugendgruppe zu führen: Vorsorgliche Belehrung, ständige Überwachung und Eingreifen von Fall zu Fall. Heute ist vor allem der zweite Punkt antiquierter, aber was schon Pfadfinder und angehende Sozialarbeiter lernten war, dass es eine Abfolge in der Führung gibt, wie ein Prozess. Ganz gleich, welche Führungstechnik Du anwendest, Du wirst immer **fünf Stufen** begegnen:

- Ziele setzen (unter Beteiligung der Mitarbeiter)

- Planen

- Entscheiden

- Anordnen und umsetzen

- Kontrolle und Korrektur der Zielsetzung

Diese Schritte folgen aufeinander und der eine kann nicht ohne den anderen gemacht werden. So solltest Du nicht mit dem Planen anfangen, bevor überhaupt klar ist, welche Ziele verfolgt werden sollen. Was logisch klingt, wird oft genug falsch gemacht.

> **BEISPIEL:**
>
> Eine Firma verkauft über Webseiten seine Produkte und das durchaus erfolgreich. Dank Responsive Design kann die Seite auch auf mobilen Geräten gut genutzt werden. In der Produktentwicklung kommt nun die Idee auf, auch eine App zu entwickeln, weil man modern sein will. Allerdings gibt es kein Ziel für die App-Entwicklung, man verweist auf das ohnehin schon bestehende Ziel der Umsatzvergrößerung. Bald nach dem die App veröffentlicht wurde, zeigt sich, dass die meisten Kunden nach wie vor über die Webseite buchen, weil dort die Produkte besser angeschaut werden können. Ohne ein klares Ziel ist also auch die beste Idee nichts wert.

Dass nach der Planung eine Entscheidung getroffen werden muss, was man jetzt macht, ist klar. Oft genug hängt es aber an der Umsetzung und Durchsetzung. Gerade wenn es Widerstände in einem Unternehmen gibt, weil Mitarbeiter sich übergangen fühlen oder mit der Zielsetzung nicht einverstanden sind, kann die Umsetzung einer Planung zu einem Problem werden.

Es kann auch zu widersprüchlichen Zielen kommen, wie das Beispiel eines Wohnheims zeigt. Eine Firma die Wohnheime (unter anderem für Flüchtlinge) betrieb,[7] hatte als eines der Ziele angegeben, Kosten zu sparen und den Gewinn zu erhöhen, auf der anderen Seite aber auch eine PR-Kampagne gestartet, um in der Öffentlichkeit in besserem Licht dazustehen. Während die PR-Abteilung wohlklingende Pressemitteilungen verfasste, sorgte der Kostendruck dafür, dass die Wohnheime schlechter verwaltet wurden, Zimmer überbelegt oder falsch besetzt wurden und immer mehr Mängel auftraten, was wiederum – da es auch um öffentliche Mittel ging – die Presse aufmerksam machte.

Management by ...

Die modernen Führungstechniken kann man heute unter "Management by ..." zusammenfassen, darunter fallen aber verschiedene Ansätze.

4.1 Management by Objectives (MbO)

Im Mittelpunkt dieser Technik steht das Führen über Zielvereinbarungen und Selbstkontrolle. Wichtig ist, dass Du als Führungskraft die Mitarbeiter bei der Formulierung der Ziele einbeziehst, damit man gemeinsam daran arbeiten kann. Sind diese Ziele von allen anerkannt, können Mitarbeiter sie

---

[7] von Rosenstiel, L. (2002): Mitarbeiterführung in Wirtschaft und Verwaltung - Anstöße zur Ermutigung, München, 3. Auflage

eigenverantwortlich umsetzen. Deine Aufgabe als Vorgesetzter ist dann darauf zu achten, ob die Ziele verfolgt werden oder ob es einer Korrektur bedarf. Die Leistung der Mitarbeiter wird entsprechend ihrer Zielerfüllung bewertet. Bei der MbO-Technik haben die Mitarbeiter große Freiheiten und Deine Aufgabe der Zielüberwachung darf nicht mit einer ständigen Kontrolle der Mitarbeiter verwechselt werden. Das kann schnell kontraproduktiv wirken.

Eine Hilfe bei der Formulierung von Zielen ist die SMART-Technik. Sie steht für:

S – spezifisch

M – messbar

A – anspruchsvoll und attraktiv

R – realistisch

T – terminiert

Ein Ziel muss so formuliert werden, dass es zum Aufgabenbereich der Ausführenden passt. Die Marketingabteilung wird Schwierigkeiten haben, Umsatzziele zu erfüllen, die im Wesentlichen von der Fähigkeit der Produktion abhängen. Klar muss auch sein, dass Ziele gemessen werden können. "Mehr Umsatz als im vergangenen Jahr" ist kein klares Ziel, "5 Prozent Steigerung" hingegen schon. Unter "anspruchsvoll und attraktiv" versteht man, dass die Mitarbeiter auch wirklich gewillt sind, ambitionierte Ziele zu verfolgen. Ein

Verkäufer, dem man keine Verhandlungsspanne, sondern nur einen festen Preis gibt, wird Schwierigkeiten haben, Umsatzziele zu erfüllen. Ebenso müssen die Ziele auch realistisch sein: auf dem Papier sehen Gewinne und Umsätze immer schön aus, aber es ist einfacher gesagt 10 neue Kunden zu gewinnen als getan. Schließlich muss auch allen Beteiligten klar sein, in welchem Zeitraum diese Ziele erreicht werden müssen.

Es wird immer wieder vorkommen, dass Ziele nicht erreicht werden. Es ist sogar normal, dass man nicht immer erreichen kann, was man sich vorgenommen hat. Gerade in einem immer volatileren Geschäftsumfeld ist Planung schwierig geworden. Dennoch aber sind Ziele wichtig, denn man hat etwas, auf das man hinarbeiten kann. Auf dem Weg dahin ist es aber durchaus möglich, diese Ziele aufgrund neuer Erkenntnisse auch neu zu formulieren. Und auch wenn am Ende ein Ziel nicht erreicht wurde, ist das keine Katastrophe. In diesem Fall ist es wichtig, dass Vorgesetzte und Mitarbeiter gemeinsam analysieren, warum das Ziel verfehlt wurde und was man verbessern kann.

4.2 Management by Exception (MbE)

In diesem Modell haben die Mitarbeiter noch mehr Verantwortung und werden weniger kontrolliert. Sie haben einen Rahmen, der in der Regel von Zielen und Budgets bestimmt wird, und können sich in diesem frei bewegen. Einfluss von der Führungsebene wird nur in Ausnahmefällen genommen. Diese Methode ist dann sinnvoll, wenn es sich zum Beispiel um hoch spezialisierte Arbeiten oder Mitarbeiter handelt. Auch in der Softwareentwicklung wird man oft sehen, dass ein Team selbstständig arbeitet und nur dann eingegriffen wird, wenn es vom Team verlangt wird oder aber bestimmte Parameter überschritten werden. Ein großer Vorteil ist hierbei, dass Du als Führungskraft Dich mehr auf die strategischen Aufgaben konzentrieren kannst. Es braucht aber auch Mitarbeiter, die in der Lage sind selbstständig zu arbeiten und Entscheidungen zu treffen.

4.3 Management by Delegation (MbD)

Hierbei wirst Du als Vorgesetzter noch mehr vom operativen Geschäft entlastet. Den Mitarbeitern und Abteilungsleitern werden umfangreiche Befugnisse gegeben. Du delegierst große Teile der Verantwortung nach unten und gewinnst somit wie auch bei der MbE-Methode noch mehr Freiraum, um Dich mit den Steuerungsfunktionen, der Strategie und der Verbesserung der Arbeitsbedingungen zu beschäftigen. Auch hier wirst Du Mitarbeiter brauchen, die in der Lage sind, diese Verantwortung auch wahrnehmen zu können und die mit ihren neuen Kompetenzen nicht überfordert sind. Oftmals ist MbD auch für Unternehmer nicht einfach, weil sie große Bereiche ihrer Entscheidungsbefugnis abgeben müssen und Angst haben, die Kontrolle zu verlieren.

4.4 Management by Motivation (MbM)

Während manche Mitarbeiter vor allem Verantwortung und Selbstverwirklichung suchen, wollen andere motiviert werden, um besser arbeiten zu können. Unter Motivation wird hier aber nicht verstanden, dass Du ihnen mehr Geld geben musst oder sie befördert werden. Vielmehr geht es um Arbeitsbedingungen und das Arbeitsumfeld. So kann es schon helfen, dass Teams gebildet werden oder aber, dass es einigen Mitarbeitern erlaubt ist, von zu Hause aus zu arbeiten. Du sollst bei dieser Methode auf jeden Fall erst einmal die Mitarbeiter fragen, welche Wünsche sie haben, wo sie Bedarf für Verbesserungen sehen und wie man das vielleicht verändern kann.

Manche jungen Firmen und ihre Gründer glauben, dass die Einrichtung des Büros bestimmten Stereotypen genügen muss, um Mitarbeiter zu motivieren. Ein klassisches Beispiel ist der Tischfußball-Tisch. Nicht nur, weil es bisweilen etwas albern wirkt, so einen Tisch zu haben – denn nicht jeder spielt gerne Tischfußball und vor allem Frauen fühlen sich dadurch ausgegrenzt. Gleiches gilt für eine hypermoderne und per App gesteuerte Kaffeemaschine: Wenn sonst die Budgets eng sind, solltest Du kein Geld für so etwas zum Fenster herauswerfen.

BEISPIEL:

Eine PR-Firma dachte einmal, dass moderne Kunst die Mitarbeiter motivieren könnte und kaufte für Unsummen Werke von durchaus namhaften Künstlern. Das Büro wurde zwar schöner, aber die Kasse war leer und Mitarbeiter wurden angehalten, mehr Kunden zu akquirieren und Rechnungen erst spät zu bezahlen. Die Stimmung wurde schnell immer schlechter, weil man zwar jetzt schöne Kunst hatte, aber einige schon um ihr Gehalt fürchteten.

4.5 Management by Coaching

Beim Management by Coaching handelt es sich weniger um eine Methode, mit der alle Mitarbeiter geführt werden können, als vielmehr um eine, die bei bestimmten Mitarbeitern angewendet werden kann, so aber auch in Teams. Der Manager wird hierbei zum Coach, was vor allem auch sein Selbstverständnis verändert: Sein Job ist es die Mitarbeiter so zu motivieren und aufzubereiten, dass sie ihre Arbeit bestmöglich machen können. Coaching ist vor allem angebracht bei:

- Einführung neuer Mitarbeiter

- Bewältigung privater oder beruflicher Probleme

- Mitarbeiterbeurteilung

- Weiterbildung

- Beförderung

- Übernahme von Führungsaufgaben

In einem kleinen Unternehmen wird meist ein Vorgesetzter oder der Geschäftsführer die Aufgabe eines Coaches wahrnehmen. Solltest Du selbst Coach sein wollen, empfiehlt es sich immer, eine Fortbildung zu machen, denn dort kannst Du noch mehr interessante Techniken erlernen. Für den Anfang reichen aber folgende Qualifikationen:

- Sachkenntnis und hohe Kommunikationsfähigkeit

- Beraterkompetenz: Der Coach fungiert gleichsam als Hebamme, die einen komplexen Vorgang nur unterstützend begleitet, ohne die Aufgabe selbst zu übernehmen

- Die Fähigkeit, kreativ mit Fehlern umgehen zu können und diese positiv aufzuladen

- Hohes Geschick bei der Harmonisierung von Unternehmens- und Mitarbeiterinteressen

Coaching wird in der Regel in mehrere Phasen unterteilt. In der **ersten Phase** wird der **Ist-Zustand** beschrieben. Hier wirst Du mit dem Mitarbeiter darüber sprechen, welche Herausforderungen er als schwierig empfindet oder welche Probleme er hat. In dieser Phase wird aber auch über seine oder ihre Stärken und Schwächen gesprochen. Erst wenn die Ist-Situation analysiert ist, geht es in die **zweite Phase**. In dieser wirst Du gemeinsam mit dem Mitarbeiter **Ziele erarbeiten**, mit denen die Herausforderung bewältigt werden kann. Solche Ziele sind meistens erst einmal die Wünsche eines Mitarbeiters. Gemeinsam werdet ihr dann darüber sprechen, ob und wie man diese Wünsche auch erfüllen kann.

In der **dritten Phase** geht es dann an die **Umsetzung**. Dein Job hierbei sind motivierende Gespräche sowie Feedback und Anregungen zu geben. In der **vierten Phase** wirst Du dann mit dem Mitarbeiter **evaluieren**, welche **Fortschritte** gemacht wurden, wie nah man an die gesteckten Ziele gekommen ist und ob die Wünsche erfüllt wurden. Ist das nicht der Fall, kannst Du wieder in die zweite oder dritte Phase zurückgehen.

Beim Coaching ist ein Teil des Erfolges, dass der Coach erreichbar ist. Du solltest den Mitarbeitern, die Du coachst, zumindest für eine gewisse Zeit Priorität geben. Allerdings wirst Du beim Management by Coaching auch achtgeben müssen, dass andere Mitarbeiter sich nicht benachteiligt fühlen. Es muss klar sein, dass ein Coaching keine Bevorzugung ist, sondern ein Teil der Mitarbeiterentwicklung, wie es andere Fortbildungen und Seminare auch sind.

5. Instrumente

Als Führungskraft hast Du neben Deiner Persönlichkeit und Ausstrahlung auch einige Instrumente zur Verfügung, mit denen Du Deine Mitarbeiter führen kannst. Dabei handelt es sich vor allem um Arbeits- und Kommunikationsmethoden.

5.1 Meetings

Am häufigsten wirst Du Deine Führungsqualitäten in Meetings unter Beweis stellen können. Hier sind alle Augen auf Dich gerichtet (zumindest, wenn Du das Meeting führst) und Du kannst Deinen Mitarbeitern beweisen, dass Du sie motivieren und unterstützen kannst. Eine der größten Gefahren von Meetings ist, das sie nicht gut vorbereitet sind, was zu langen Präsentationen und Diskussionen führt und eventuell nicht einmal ein Ergebnis bringt. Das frustriert Mitarbeiter und untergräbt Deine Autorität als Führungskraft. **Goldene Regeln** für ein erfolgreiches Meeting sind deshalb:

- Klare Tagesordnung

- Alle notwendigen und verfügbaren Unterlagen vorher zukommen lassen

- Präsentationen nur, wenn etwas (bildlich) erklärt werden muss

- Ziel für das Meeting formulieren

- Diskussionen ermöglichen, aber zielorientiert führen

- Keine langatmigen Vorträge halten

Gerade der letzte Punkt wird oft von Vorgesetzten außer Acht gelassen. Sie meinen, durch eine lange ausführliche Rede ihr Wissen und ihre Position zur Schau stellen zu müssen. Bei den Mitarbeitern kommt das jedoch in der Regel schlecht an. Denke bei einem Meeting immer daran, wie Du im Meeting die Mitarbeiter unterstützen kannst. Dann kannst Du sie auch führen.

5.2 Berichte/Reports/Memos

Es ist heute im allgemeinen Sprachgebrauch verankert, dass jemand an eine bestimmte Person "reported". Der Begriff kommt eigentlich aus dem amerikanischen Management, wo Abteilungen und Mitarbeiter eine oft unglaubliche Menge an Berichten erstellen müssen. Leider hat sich das auch in europäischen Firmen eingeschlichen. Der Begriff ist heute schon deshalb schwierig, weil er die Pflicht beim Arbeitnehmer sieht, einen Bericht abzugeben. Eigentlich sollte dargestellt werden, welche Pflichten der Vorgesetzte hat, zum Beispiel, um welche Mitarbeiter er oder sie sich kümmern muss.

Dennoch sind Berichte nicht aus dem Alltag wegzudenken und je nach Größe eines Unternehmens auch in einem gewissen Maße notwendig. Bei allen Reports, die Du von Deinen Mitarbeiter verlangst, solltest Du Dir vorher folgende Fragen stellen:

- Was soll der Report bezwecken?

- Kann ich die Informationen auch anders bekommen?

- Wie hoch ist der Arbeitsaufwand für die Erstellung des Reports und ist dieser gerechtfertigt?

- Ist ein Report durch den Nutzen, den er bringt, gerechtfertigt?

- Was passiert mit dem Report, wenn Du ihn gelesen hast?

Viele solcher Berichte sind schlichtweg Tätigkeitsnachweise, auf die Du auch verzichten kannst. Ein hoch qualifizierter Mitarbeiter ist keine Reinigungskraft, die stündlich das Putzen der Toilette abzeichnen muss (und auch das ist eigentlich Unsinn). Wenn Du nicht weißt, was Dein Mitarbeiter macht, solltest Du Dir überlegen, ob es ein Kommunikationsproblem gibt, schließlich hast Du ja die Arbeitsinhalte festgelegt.

Gute Reports sollten eine Analyse sein, zum Beispiel des Arbeitsplatzes, der Aufgabenbereiche, des Marktes, der Prozesse oder ähnliches. Sie sollten auch Vorschläge enthalten, wie etwas verbessert werden kann und warum das Deiner Hilfe bedarf. Wenn Du Dich für einen Managementstil entschieden hast, bei dem die Mitarbeiter große Verantwortung und Freiheiten haben, dann solltest Du sie nicht durch Berichte wieder einschränken. Denn gerade Tätigkeitsberichte und Verkaufszahlen werden beim Mitarbeiter als Kontrolle wahrgenommen, die Du ja eigentlich an diese abgegeben hast. Und Verkaufszahlen solltest Du aus Deinem IT-System ersehen können, dafür braucht es keinen Bericht (Allerdings braucht es dann eine Stellungnahme, wenn diese überdurchschnittlich gesunken oder gestiegen sind).

In vielen Unternehmen werden Berichte heute auch als eine Art Frühwarnsystem verwendet. Mitarbeiter sind angehalten, über Probleme und Missstände so früh wie möglich zu berichten, damit sie auch umgehend behoben werden können. Ein Vorbild ist dabei das Produktionssystem von Toyota, bei dem die Vermeidung von Fehlern und Verschwendung im Kern des Arbeitsprozesses steht.

5.3 Stellenbeschreibungen

Damit Mitarbeiter gut arbeiten können, muss ihnen klar sein, was ihre Aufgaben sind. Als Führungskraft liegt es in Deiner Verantwortung, eine Stelle so zu beschreiben, dass klar wird, was von einem Mitarbeiter verlangt wird. Das Schaubild zeigt, welche Schnittmengen sich aus den Bereichen Aufgaben, Verantwortung und Kompetenzen bilden.

Noch bevor eine Stelle ausgeschrieben wird, wirst Du Dir überlegen müssen, welche Aufgaben, Kompetenzen und Verantwortung ein Mitarbeiter haben soll. Bei bestehenden Stellen ist das einfach, wenn Du aber eine Firma aufbaust oder eine neue Stelle geschaffen wird, dann kannst Du hier schon den Grundstein dafür legen, dass Mitarbeiter zufrieden sind und Du als Führungskraft anerkannt wirst.

Stellen müssen aber auch ineinandergreifen. So wirst Du bereits bei der Planung oder Restrukturierung eines Unternehmens daran denken müssen, wie die einzelnen Bereiche und Mitarbeiter miteinander in Berührung kommen und wo es zu Reibungsstellen, vor allem hinsichtlich Kompetenzen und Verantwortung, kommen kann.

Genauso wirst Du immer wieder Stellenbeschreibungen anpassen müssen. Dies kann aber auch nur zusammen mit den Mitarbeitern geschehen, die auf diesen Stellen sitzen. Gemeinsam müsst ihr – meistens, weil sich Märkte oder der Wettbewerb verändert haben – überlegen, welche Auswirkungen das auf eine Stelle haben kann.

BEISPIEL:

Du hast festgestellt, dass Dein Buchhalter mit seiner Arbeit überfordert ist und er Hilfe braucht. Bevor Du aber eine Stellenausschreibung machst, solltest Du mit Deinem Buchhalter sprechen, wie die Aufgaben in Zukunft aufgeteilt werden. Ein Thema sollte auch sein, ob beide auf der gleichen Verantwortungsstufe sein werden und sich die Arbeit teilen, oder ob ein untergeordneter Mitarbeiter gesucht wird. Die bestehenden Mitarbeiter bei Stellenausschreibungen mit einzubeziehen ist immer besser, als dies allein der Personalabteilung zu überlassen.

5.4 Persönliche Arbeitstechnik

Jeder Mitarbeiter wird seine eigene Art zu arbeiten haben und auch Du wirst Dir im Laufe der Zeit ein System geschaffen haben, wie Du Deine Arbeitszeit organisierst. Aber nicht immer passen diese Systeme zusammen oder zu dem Ablauf innerhalb eines Unternehmens.

Dabei gibt es **zwei Aspekte** zu beachten:

- Effektivität
- Synchronisierung

Bei der **Effektivität** wirst Du beobachten müssen, ob die unterschiedlichen Arbeitsweisen auch den gewünschten Nutzen bringen. Es geht dabei weniger darum, dass alle Mitarbeiter auf die gleiche Art und Weise arbeiten sollen, sondern dass sie einen möglichst hohen Output haben. Ein Mitarbeiter, der viel Zeit damit verbringt, etwas auf seinem Schreibtisch und in seinen Schränken zu suchen, verschwendet Zeit, auch wenn er behauptet, "seine eigene Ordnung" zu haben. Ein anderes Beispiel ist eine Werkstatt: Wenn hier das Werkzeug immer am gleichen Platz ist, dann hat ein Mechaniker es schneller zur Hand und spart Zeit. Ob die Schraubenschlüssel links oder rechts im Werkzeugkasten sind, ist dabei unerheblich, solange es für ihn ein effektives System ist.

Oftmals werden in Unternehmen Prozesse vorgegeben, die die individuelle Arbeitstechnik einschränken können. Das ist zu einem gewissen Maß auch sinnvoll. Allerdings bleibt auch hier immer Freiraum für eine persönliche Organisation. Du willst natürlich auch nicht, dass jemand seine 8 Stunden wie ein Roboter am Bildschirm verbringt und musst ihm deswegen auch gewisse Freiheiten lassen.

Wenn Du das Gefühl hast, dass die Performance Deiner Firma oder Abteilung nachlässt, dann solltest Du zuerst schauen, ob sich einfach ein paar Arbeitstechniken eingeschlichen haben, die die Effektivität verringern, und das dann entweder mit dem gesamten Team oder einzelnen Mitarbeitern besprechen.

Vielleicht müssen die Techniken auch einfach nur besser synchronisiert werden. Unter **Synchronisieren** versteht man, dass die individuellen Arbeitstechniken der einzelnen Mitarbeiter auch in einem Gesamtsystem zusammenpassen und ineinandergreifen. Wer zum Beispiel morgens erst einmal seine E-Mails beantwortet, während andere Mitarbeiter den Projektstatus überprüfen und auf die Statusmeldungen warten, wird diesen Prozess verlangsamen. Prozesse sind in der Regel die beste Methode, Arbeitstechniken zu synchronisieren, aber wie oben beschrieben, gibt es immer noch Bereiche, die auch von einem Prozess nicht erfasst werden. Ein kleines Beispiel ist die Kaffeepause: Wenn jeder einzeln in die Kaffeeküche geht, hat das eine andere Wirkung, als wenn die Mitarbeiter in kleinen Gruppen oder gar alle gemeinsam in die Kaffeeküche gehen. Das heißt aber nicht, dass Du gleich Regeln dafür aufstellen sollst, wann sich wer einen Kaffee holen darf. Vielmehr ist damit gemeint, dass Du beobachtest, ob es Auswirkungen auf den Arbeitsfluss hat und wenn ja, welche Änderungen möglich sind.

5.5 Mittelbereitstellung

Als Führungskraft obliegt es Dir, die Mittel bereitzustellen, die für die Abteilung oder die Firma benötigt werden, um sie am Laufen zu halten. Gute Budgets sind ein hervorragendes Mittel der Mitarbeiterführung, denn sie zeigen, dass zum einen eine Kompetenz in der Finanzplanung vorhanden ist, zum anderen aber auch Mittel bereitstehen, damit die Mitarbeiter ihren Job bestmöglich machen können.

Bei der Budgetierung solltest Du also immer auch im Hinterkopf haben, welche Folgen das für die Mitarbeiter hat. Kosten sparen ist wichtig, kann aber bei den Arbeitnehmern negative Auswirkungen haben und die Motivation oder gar die Arbeitskraft senken.

> **BEISPIEL:**
> Eine Firma hatte festgestellt, dass es zu viele Drucker gab, fast jeder zweite Arbeitsplatz hatte einen eigenen Drucker. Das kostete Papier und teure Tintenpatronen

und man beschloss, dass man die Zahl der Drucker um
die Hälfte reduzierte. Gedruckt werden sollte jetzt über
das Netzwerk. Das Problem war dabei, dass die Kapazi-
tät der vorhandenen Drucker nicht ausreichte, um
schnell genug zu drucken. In der Firma mussten viele
Formulare ausgedruckt und abgezeichnet werden und
durch die Reduzierung kam es zu langen Wartezeiten.
Außerdem versagten die Drucker öfter ihren Dienst, es
kam zu Papierstaus. Die Mitarbeiter waren verärgert.

Eine bessere Lösung wäre gewesen nachzusehen, was wann
gedruckt werden muss und dann leistungsfähigere Netz-
werkdrucker anzuschaffen, die die Arbeitslast auch tatsächlich bewältigen können. Zwar würden dann die Mitarbeiter
längere Wege zurücklegen müssen (was auch optimiert
werden kann), aber es hat sich gezeigt, dass diese "Spazier-
gänge" auch kommunikationsfördernd sind und man auch
mit Mitarbeitern in Kontakt kommt, die man sonst nicht oft
sieht.

Die **Firma Apple** hat dieses Konzept auf ihrem Campus auf
die Spitze getrieben, indem sie in einem runden Gebäude
die Mitarbeiter zwang, öfter durch die Mitte zu laufen (was
kürzer ist) und sich dabei zufällig zu begegnen. Diese Begeg-
nungen sollten den kreativen Austausch fördern, auch zwischen Mitarbeitern, die sich gar nicht kennen.

Aber nicht nur Kosten sparen kann die Mitarbeiter betreffen, auch gut gemeinte Investitionen, die aber nicht den gewünschten Effekt bringen. So hatte eine Firma im Bereich Hotel-IT gedacht, sich modernisieren zu wollen und für viel Geld ein Projektmanagement-System gekauft, und auch noch eines von einem der Marktführer. Die Mitarbeiter zeigten sich davon aber wenig beeindruckt, weil sie in die Planung nicht einbezogen waren und viele Features nicht zu ihrer Arbeitsweise passten.

Bei der **Finanzplanung ist es immer angeraten, eine kleine Rücklage für schlechte Zeiten oder aber für unvorhergesehene Ausgaben zu haben.** Das können auch neue Projekte sein. Nichts ist frustrierender als, wenn Mitarbeiter mit einer tollen Idee ankommen, die eine Firma wirklich voranbringen könnte, dann aber kein Geld vorhanden ist. Natürlich hängen diese Rücklagen auch von der finanziellen Gesamtausstattung ab und gerade kleine und mittlere Unternehmen haben immer wieder Probleme, Rücklagen zu bilden, weil sie erst einmal den Cashflow aufrechterhalten müssen.

5.6 Leistungsbeurteilung

Die Leistung von Mitarbeitern wird meistens in Gesprächen besprochen, es gibt aber auch eine qualitative Form der Mitarbeiterbeurteilung. Je größer ein Unternehmen, umso mehr versucht man die Leistung von Mitarbeitern in Zahlen auszudrücken. Solche Zahlen können sein:

- Umsätze und Umsatzsteigerung

- Neukunden und Kunden, die gehalten wurden

- Überstunden

- Produktivität, die Quantität betreffend, bezogen auf den Arbeitsaufwand

- Arbeitsergebnis, die Qualität betreffend, bezogen auf die Arbeitssorgfalt (z.B. Fehlerquoten)

- Erreichen von Erfolgszahlen

- Fehltage und -stunden

- Absolvierte Weiterbildungen

Du kannst auch die **KPI** (Key Performance Indikatoren) für eine Abteilung und für ein Unternehmen zur Hand nehmen und dann mit dem Mitarbeiter zusammen besprechen, welchen Anteil er am Erreichen oder am Nicht-Erreichen dieser Vorgaben hat.

Dennoch sind Zahlen nur ein kleiner Teil der Leistungsbeurteilung. Viel umfangreicher sind die Informationen, die Du aus einem Mitarbeitergespräch bekommst. Dabei sollte auch bei einem Evaluierungsgespräch immer klar sein, dass es nicht um Kritik am Mitarbeiter geht, sondern darum, wie man seine Talente und Fähigkeiten noch besser zum Einsatz

bringen kann und wo der Mitarbeiter Verbesserungsmög-
lichkeiten sieht. Die Leistungsbeurteilung ist weder eine
Abrechnung noch der richtige Zeitpunkt, um Fehler zu diskutieren.

Die die Firma IO hat eine Liste bereitgestellt, die Du sehr gut
als Checkliste für Leistungsbeurteilungen verwenden
kannst.[8]

Bei der Beurteilung wirst Du Dich mit **drei Hauptbereichen**
beschäftigen:

- Verhalten

- Leistung

- Erfolg

Das Verhalten ist vor allem von wenig messbaren, sogenannten **weichen Faktoren** bestimmt. Es setzt sich zusammen aus:

- Wissen

- Können

- Wollen

---

[8] I. O. BUSINESS: Kompetenzfeld Personalinstrumente - Beurteilung des Erfolgs von Mitarbeitern (Checkliste zur Mitarbeiterbeurteilung). URL: https://unternehmensberatung.wolfgunther.de/wp-
content/uploads/2010/06/08_09_28_Checkliste_Mitarbeiterbeur
teilung.pdf [Stand: 18-11-2018]

Das **Wissen** umfasst die Kenntnisse, die ein Mitarbeiter hat, also Qualifikationen und Kompetenzen. Wissen kann erworben und erlernt werden.

Das **Können** bezeichnet die Fertigkeiten, dieses Wissen auch praktisch umsetzen und anwenden zu können. Durch Training und Routine wird das Können verbessert.

Das **Wollen** bezieht sich auf die Motivation, das vorhandene Wissen und Können auch einzusetzen, oder sich anzueignen und zu üben, sofern es die gewünschte Ausprägung noch nicht erreicht hat.[9]

Konkret drückt sich das dann aus in

- Qualifikation

- Kompetenzen

- Motivation

Zuerst wirst Du bei einem Mitarbeiter die **Qualifikation** abfragen. Dabei geht es nicht so sehr darum, welche Ausbildung er hat (außer bei Einstellungsgesprächen), sondern darum, welches Wissen er/sie sich seit seinem/ihrem letzten Gespräch angeeignet hat. Welche Seminare wurden be-

---

[9] I.O. BUSINESS: Kompetenzfeld Personalinstrumente - Beurteilung des Erfolgs von Mitarbeitern (Checkliste zur Mitarbeiterbeurteilung), S. 4

sucht, was wurde von anderen Mitarbeitern gelernt, welche Eigeninitiative gibt es, um Wissen zu mehren, wurden Konferenzen besucht usw.

Zu den **Kompetenzen** gehört zwar auch das Wissen an sich, aber vor allem auch die Fähigkeit, dieses Wissen umzusetzen und anzuwenden. Kann der Mitarbeiter in seiner Position dieses Wissen überhaupt verwenden? Ist er oder sie in der Lage, angeeignete neue Fähigkeiten auch in der täglichen Arbeit zu verwenden? Teilt er oder sie das Wissen mit anderen Mitarbeitern? Gerade bei Führungskräften steht auch die Art und Weise, wie sie mit Mitarbeitern umgehen und wie sie führen im Mittelpunkt des Interesses. Du solltest Dich auch fragen, wie gut ein Mitarbeiter Aufgaben und auch Verantwortungsbereiche delegieren kann. Bei Verkaufsangestellten wird es dagegen eher darum gehen, wie sie verhandeln und versuchen Kunden zu überzeugen.

Die **Motivation** schließlich soll Dir zeigen, ob ein Mitarbeiter wirklich glücklich ist und mit Leidenschaft seinen Beruf oder seine Tätigkeit ausübt. Frage nach, was ihn oder sie antreibt, welche Wünsche vorhanden sind und wie er oder sie glaubt, dass diese erfüllt werden können. Ist es das Geld, was ihn oder sie motiviert, sind es die Arbeitsbedingungen oder die Karrierechancen.
Gerade aus der Motivation wirst Du die meisten Informationen herausholen können, wenn es um die Mitarbeiterbeurteilung geht. Hierbei verstecken sich Befragte auch am we-

nigsten und Du wirst schnell merken, wenn jemand versucht Dir nach dem Mund zu reden, um seine wahre Motivation zu verbergen.

Und noch ein Tipp von IO zum Thema Mitarbeiterbeurteilungen. **Vier Punkte** sind dabei wichtig:[10]

- "Gültigkeit (Validität), d.h. es sollte nur das beurteilt werden, von dem gesagt wird, dass es beurteilt wird"

- "Verlässlichkeit, Genauigkeit (Reliabilität), weitmöglichste Freiheit von Beurteilungsfehlern"

- "Ökonomie, der Aufwand/die Kosten für die Beurteilung sollten in vertretbarem Verhältnis zum erzielten Nutzen stehen"

- "Chancengleichheit, d.h. es müssen gleiche Bedingungen für alle herrschen"

---

[10] I.O. BUSINESS: Kompetenzfeld Personalinstrumente - Beurteilung des Erfolgs von Mitarbeitern (Checkliste zur Mitarbeiterbeurteilung), S. 6

5.6 Entlassung

Zur Führung gehört auch, Mitarbeiter entlassen zu müssen. Das kann mehrere Ursachen haben:

- Wirtschaftliche Gründe, wenn Kosten gespart werden müssen

- Verstöße gegen Regeln

- Performancegründe

Jemanden zu entlassen gehört zu den schwersten Aufgaben eines Chefs. Auf dem Papier sieht das immer leicht aus, aber dann jemandem gegenüberzusitzen und ihm oder ihr zu sagen, dass sie ihren Arbeitsplatz verlieren, wird auch Dich emotional herausfordern.

Als Chef bist Du gefordert, in solchen Situationen ruhig zu bleiben, auch wenn ein Mitarbeiter gegen Regeln verstoßen hat. Versuche mitfühlend zu sein, aber auch bestimmt und bleibe bei Deiner Entscheidung. Auf keinen Fall solltest Du in kleineren und mittleren Firmen Mitarbeitern nur schriftlich eine Entlassung mitteilen. Hole sie immer zu einem persönlichen Gespräch.

6. Führungskompetenzen

Wenn es um die Beurteilung von Mitarbeitern geht, sind aber nicht nur deren Kompetenzen gefragt, sondern auch Deine als Führungskraft. Man kann die besten Mitarbeiter nicht führen, wenn man nicht die notwendigen Grundlagen mitbringt, die es zur Führung braucht. Und zu den Methoden der Mitarbeiterführung gehört eben auch die Fähigkeit zur Selbstführung. Um Mitarbeiter zu führen braucht es nicht nur fachliche Kenntnisse in Menschenführung und Organisation, sondern auch die menschlichen und persönlichen Fähigkeiten, die sich in den sogenannten Soft Skills darstellen. Diese werden heute zunehmend auch im Studium vermittelt, weil man erkannt hat, dass sie eine große Rolle in einem Unternehmen spielen, auch wenn sie nicht so einfach in Zahlen ausgedrückt werden können. Nachfolgend werden die wichtigsten Kompetenzen einer Führungskraft beschrieben.

6.1 Gute Kommunikation und soziales Verhalten

Sich verständlich zu machen und andere zu verstehen ist eine der wichtigsten Eigenschaften, die man mitbringen muss, wenn man mit anderen Menschen zusammenarbeitet. Die Basis einer guten Kommunikation ist das gegenseitige Verständnis. Dazu gehört auch Dein Verhalten in der Gruppe und gegenüber der Gruppe. Wer aggressiv ist, bestimmend und autoritär, wird nicht weit kommen. Gerade dort, wo Hierarchien aufbrechen und nicht aus blindem Gehorsam gefolgt wird, musst Du Dein Sozialverhalten im Blick haben und Dich selbst auch kritisch fragen, wie andere Dein Verhalten aufnehmen.

6.2 Eigener Antrieb und Motivation

Wenn Du selbst nicht motiviert bist, wirst Du auch kaum die anderen antreiben können. In der Antike sind die Generäle immer mit in die Schlacht geritten, weil sie zeigen wollten, dass sie auch gute Soldaten sind, aber es ihnen auch Ruhm und Ansehen brachte. Du musst nicht gleich die Pferde satteln, aber Du solltest Dir immer wieder überlegen, was Dich motiviert und wie diese Motivation auch aufrechterhalten werden kann. Ein Chef, der 20 Jahre auf der gleichen Position sitzt, wird mit Sicherheit nicht mehr so leidenschaftlich bei der Sache sein wie ein junger Universitätsabgänger.

6.3 Verlässlichkeit, Gewissenhaftigkeit und Beharrlichkeit

Was nach alten Tugenden klingt, hat auch heute noch seine Berechtigung. Mitarbeiter müssen sich auf ihren Vorgesetzten verlassen können, sie müssen erwarten können, dass diese Person gewissenhaft arbeitet und sich auch nicht einfach von einem Vorhaben abbringen lässt. Aber auch dabei sind die Grenzen fließend: Du darfst bei aller Gewissenhaftigkeit nicht zu einem Ordnungsfanatiker werden und Beharrlichkeit sollte Dich auch nicht blind gegenüber guten Alternativen machen.

6.4 Fähigkeit, andere zu motivieren

Wenn eine Fußballmannschaft mehrere Spiele verliert, dann wird meistens der Trainer ausgetauscht, nicht der Mittelstürmer. Der Grund liegt in der Fähigkeit, zu motivieren. Ein neuer Trainer findet die gleiche Mannschaft vor und wird nicht gleich komplett neue Taktiken implementieren können. Aber er hat eine andere Art zu motivieren und das ist meistens der Grund, warum man einen neuen Coach verpflichtet. Die anderen Maßnahmen, wie Taktik und Spielereinsatz kommen erst an zweiter Stelle, vor allem wenn innerhalb einer Saison gewechselt wird. Was diese Trainer machen, ist auch Deine Aufgabe: Die Mitarbeiter so motivieren, dass diese in der Lage sind, über sich selbst hinauszuwachsen.

Dabei ist es weniger entscheidend, wie Du motivierst – das ist auch eine Frage Deiner Persönlichkeit und Deines Charakters – sondern vor allem, dass Du Dein Team motivieren kannst.

6.5 Innovativ und visionär

Ein guter Leader führt über die kurzfristigen Ziele hinaus. Das setzt voraus, dass Du in der Lage bist, selbst auch weiterzudenken, Visionen zu entwickeln und in die Zukunft zu schauen. Wer in der Lage ist, Probleme mit neuen Ideen anzugehen, aber auch sich selbst immer wieder neu zu erfinden, wird im Team und in der Abteilung Respekt und Anerkennung erfahren. Innovation ist das andere Stichwort: Man wird von Dir erwarten, zum einen neue Ideen einzubringen, aber auch die Ideen der Mitarbeiter aufzunehmen und zur Diskussion zu stellen. Wenn Du selbst weißt, wo Du hinwillst, kannst Du das auch Deinen Mitarbeitern besser vermitteln.

6.6 Ehrlichkeit

Es ist eigentlich eine Selbstverständlichkeit, dass man ehrlich sein soll, aber manchmal wird das bei Führungspersonen vergessen, vor allem wenn es zusätzlich Druck von oben gibt.

BEISPIEL:

In der Führungsetage ist beschlossen worden, dass in Deiner Abteilung einige Mitarbeiter entlassen werden sollen, aber auch, dass das noch nicht öffentlich gemacht werden soll. Allerdings kursieren bereits Gerüchte und Du wirst gefragt, ob etwas dran ist an den Gerüchten. Jetzt "Nein" zu sagen, wäre eine Lüge. Wenn Du aber "Ja" sagst, würdest Du Dich Deinen Vorgesetzten widersetzen. Ein Konflikt, den Du aber dadurch lösen kannst, dass Du Deinen Vorgesetzten mitteilst, dass die Kündigungsabsichten bereits kursieren und dann Deinen Mitarbeitern sagst, was geplant ist. Letztlich ist es natürlich Deine Entscheidung und es kann auch Deine Karriere beeinflussen, wenn Du Dich "oben" damit unbeliebt machst. Eine gute Führung aber wird erkennen, dass ein Abteilungsleiter, der sich um seine Mitarbeiter kümmert, mehr wert ist als jemand, der nur blind Befehle ausführt.

Ehrlichkeit schafft vor allem Vertrauen und das bildet die Basis für eine gute Zusammenarbeit. Du wirst das Vertrauen später brauchen, wenn Du zum Beispiel eine Firma in eine neue Richtung führen willst und Deine Angestellten skeptisch sind, ob das eine gute Entscheidung ist.

6.7 Selbstvertrauen und Risikobereitschaft

Entscheidungen hinauszögern oder nicht hinter einer Entscheidung zu stehen sind Schwächen, die die Autorität einer Führungskraft nachhaltig beeinflussen können. Du brauchst als Chef einiges an Selbstvertrauen, um diese Aufgabe meistern zu können. Du wirst immer wieder Risiken eingehen müssen und Deine Angestellten werden die Auswirkungen dieser Risiken mittragen müssen, wenn es schiefgeht. Gehst Du erhobenen Hauptes und mit vor Stolz geschwellter Brust voran, dann wird man Dir auch folgen. Du wirst natürlich auch immer wieder vor Problemen stehen, die Du selbst nicht lösen kannst. Aber gerade dabei zeigt sich gute Führung, wenn man die Hilfe der Kollegen aktiv sucht und nicht wartet, bis sich das Problem von selbst löst oder jemand anderes eine Lösung findet.

6.8 Vertrauen schaffen

Eines der wichtigsten Soft Skills ist, Vertrauen zu schaffen. Man wird Dir nicht vertrauen, nur weil Dich jemand zum Leiter oder zum Chef ernannt hat. Es reichen auch nicht ausschließlich Deine Erfahrung und Deine Kompetenzen aus, sondern es sind die weichen Faktoren wie Ehrlichkeit und Empathie, die eine vertrauenswürdige Person ausmachen. Dabei wirst Du aber auch Grenzen ziehen müssen, denn es kann passieren, dass Vertrauen ausgenutzt wird. In kleinen

Firmen sind die Beziehungen oft freundschaftlich und Du wirst immer wieder einmal das Problem haben, mit einem befreundeten Mitarbeiter ein ernstes Wort reden zu müssen. Dabei musst Du aber weder Deine Position als Vorgesetzter noch als Freund aufgeben. Hier beweist sich Vertrauen besonders, denn es wird in die Person gelegt, nicht in die Rolle, die wir einnehmen.

6.9 Intelligenz

Intelligenz bedeutet nicht, wie schnell man ein Kreuzworträtsel löst oder wie viele Bücher man gelesen hat. Es geht darum, intelligent zu handeln. Das beinhaltet zu wissen, wann Du emotional wirst, dass Du in der Lage bist, Probleme aus verschiedene Blickwinkeln zu betrachten und komplexe Zusammenhänge verstehen und analysieren kannst. Man wird es an Dir schätzen, wenn Du intelligente Entscheidungen triffst, die wohlbegründet, aber auch für alle nachvollziehbar sind. Das bedeutet übrigens nicht, dass jeder damit auch einverstanden sein muss. Aber eine intelligente Entscheidung erhöht die Akzeptanz.

6.10 Deine Firma oder Organisation gut kennen

Wenn Du in einem großen Unternehmen arbeitest, wirst Du als Führungskraft Deine Mitarbeiter gegenüber anderen

Abteilungen und Führungsebenen vertreten müssen. Dazu ist es wichtig, dass Du die Firma, ihre Strukturen und ihre "Innenpolitik" kennst. Wer sind die Stakeholder, wer sind die wirklichen Entscheider, wer sind Deine Verbündeten und wer kennt alle Gerüchte, die kursieren? Als Führungskraft wirst Du gut beraten sein, auch die Mitarbeiter in den unteren Ebenen kennenzulernen und eine Beziehung zu ihnen aufzubauen. Denn oft genug zeichnen sich Probleme in einer Firma zuerst ganz unten ab. Wenn sie die Führung erreicht haben, ist es oft zu spät und die Lösung wird teuer.

6.11 Interesse an anderen Menschen haben

Empathie ist die Fähigkeit, sich in einen anderen Menschen hineinzuversetzen. Führungskräfte brauchen dieses Skill, um die Aktionen und Reaktionen von Angestellten besser verstehen zu können. Sie brauchen aber auch ein grundsätzliches Interesse an Menschen. Wer gerne mit Menschen zusammen ist, kann besser führen als jemand, der vom Schreibtisch aus Anweisungen gibt. Es geht darum, die Wünsche und Sorgen der Mitarbeiter zu kennen, übrigens auch privater Art. Sie können, aber müssen nicht unbedingt ein offenes Ohr für persönliche Probleme bei Dir finden.

6.12 Teamplayer

Heutzutage wirst Du als Führungskraft ein Teamplayer sein müssen, daran führt kein Weg mehr vorbei. Das wird zunehmend auch äußerlich sichtbar – Manager bekommen keine abgeschotteten Büros mehr, sondern Schreibtische wie jeder andere auch und belegen einen Meetingraum, wenn sie ein Gespräch führen wollen, bei dem sie Ruhe brauchen. Deine Aufgabe ist es zunehmend, die Voraussetzungen zu schaffen, dass Deine Mitarbeiter gut arbeiten können. Gerade in kleinen Firmen kann es aber immer wieder vorkommen, dass Du auch selbst mit anpacken musst. Dann wirst Du zeigen müssen, dass Du auch in der Lage bist, mit den Kollegen zusammenzuarbeiten und nicht nur zu führen.

BEISPIEL:

In einem Spielzeugladen wurde ein neuer Geschäftsführer eingestellt. Er übernahm weitgehend unausgebildete Verkaufsmitarbeiter, die kaum Ahnung von Verkaufstechniken hatten. Er hörte sich zunächst an, wie sie im Verkauf arbeiten und bot dann an, selbst einige Tage im Laden zu stehen. Dabei stand jeden Tag ein anderer Mitarbeiter neben ihm und beobachtete, wie der Geschäftsführer Kunden beriet und es schaffte, ihnen mehr zu verkaufen als sie eigentlich wollten. Während dieser Zeit vermied der Geschäftsführer jede Form des Kommentars. Am Ende der Woche gab es ein

---

gemeinsames Meeting, in dem die Mitarbeiter berichteten, welche Beobachtung sie gemacht hatten. Sie konnten vom Chef lernen, ihn aber zum Beispiel auch darauf hinweisen, dass er bisweilen zu aggressiv im Upsale war, die Reaktionen der Kunden aber nicht beachtete. So entwickelte man gemeinsam eine neue Verkaufsstrategie im Laden.

6.13 Die Mitarbeiter verstehen

Ein großes Problem bei der Mitarbeiterführung ist die Kommunikation. Oft genug reden beide Seiten aneinander vorbei, es kommt zu Missverständnissen, die dann wiederum beide Seiten frustrieren können. Wenn beide Seiten wissen, was die Wünsche und Forderungen der anderen sind und wie diese "ticken" dann können viele Konflikte vermieden werden.

Die nachstehende Tabelle kann helfen, potenzielle Konfliktfelder zu vermeiden.

Unternehmen wollen	Mitarbeiter wollen
qualifizierte Mitarbeiter	ihr Wissen unter Beweis stellen
motivierte Mitarbeiter	Unterstützung von der Führung in allen Belangen

dass sich Mitarbeiter weiterbilden	berufsbegleitende Weiterbildungsmaßnahmen
Kostenbewusstsein bei Mitarbeitern schaffen	eine ausreichende Ausstattung des Arbeitsplatzes
Visionen vermitteln	Visionen verstehen
Kontrolle über das Unternehmen	Eigenverantwortung und Transparenz
klare Regeln und Hierarchien	Teamarbeit und Flexibilität
Mitarbeiter lange im Unternehmen halten	Aufstiegschancen und Weiterbildung
loyale Mitarbeiter	eine Firma, auf die man stolz sein kann
Verantwortung	Verantwortung

Du wirst wahrscheinlich diese Liste noch um einige Punkte aus eigener Erfahrung ergänzen können, deswegen sind auch einige Leerzeilen eingefügt worden. Schreibe auf, was Deine Forderungen sind, spreche aber auch mit Mitarbeitern, welche Erwartungen sie haben.

6.14 Mitarbeiter einstellen

Wenn es um die Einstellung neuer Mitarbeiter geht, dann spielt neben der Personalplanung auch das Einstellungsgespräch eine große Rolle. Denn heute geht es nicht mehr darum, dass Du als Unternehmer einem Mitarbeiter die Chance gibst, eine Stelle anzutreten, sondern auch, dass Du als Unternehmer die Chance hast, diesen Mitarbeiter zu bekommen. Einstellungsgespräche sind heute zu einem großen Teil auch Verhandlungen von gleichberechtigten Partnern geworden und keine Einbahnstraße. Zunächst einmal sei gesagt, dass Du als CEO oder Geschäftsführer nicht jedes Einstellungsgespräch selbst führen musst. Je nach Größe und Struktur des Unternehmens können das auch Abteilungsleiter machen, die ohnehin besser einschätzen können, ob jemand ins Team passt. Deshalb ist es auch immer gut, andere Mitarbeiter beim Gespräch dabei zu haben. Solltest Du in einer Führungsposition sein, bei der Einstellungsgespräche zum Aufgabengebiet gehören, hier ein paar Punkte, auf die Du im Gespräch achten solltest:

1. Begrüßung

Beim ersten Kontakt kannst Du schon ein Gefühl dafür bekommen, wie ein Bewerber mit Menschen umgeht, die er das erste Mal sieht. Sehe aber dem Bewerber nach, dass er oder sie etwas aufgeregt ist und sich im normalen Geschäftsumfeld vermutlich anders verhalten wird. Vor allem bei solchen Kandidaten, die mit allzu großem Selbstbewusstsein forsch auftreten, sei etwas Achtsamkeit gegeben. Sie könnten Unsicherheit überspielen.

2. Den Bewerber erzählen lassen

Statt eine Frage nach der anderen zu stellen, sollte der Bewerber oder die Bewerberin die Gelegenheit haben, sich selbst vor- und darzustellen. Du kannst dies mit der Frage einleiten "Erzählen Sie doch ein wenig über sich, was Sie bislang gemacht haben und warum Sie sich bei uns beworben haben". Halte Dich mit Rückfragen zunächst zurück und schreibe kritische Punkte lieber auf, wenn Du denkst, Du kannst sie nicht im Gedächtnis behalten.

Stelle kurze Nachfragen nach dem Vortrag des Bewerbers.

3. Erzähle über Dein Unternehmen

Jetzt ist es an Dir, etwas über das Unternehmen, die Arbeitsatmosphäre, vor allem auch die Vision und die Mission zu erzählen. Ein vorbereiteter Bewerber weiß, was ihr produziert oder welche Dienstleistungen ihr anbietet. Kandidaten sind mehr daran interessiert, wie das Arbeitsumfeld gestaltet ist und ob sie sich hier wohlfühlen werden.

4. Das Thema Gehalt

Es ist völlig ok, auch das Thema Gehalt anzusprechen und das nicht erst am Ende. Jemand bewirbt sich auf eine Stelle, die vergütet wird, also kann man auch darüber reden. Ist das Gespräch eine der letzten Bewerbungsrunden, kannst Du auch einen ersten Versuch machen, über das Gehalt zu verhandeln. Wenn Du den Bewerber oder die Bewerberin unbedingt haben willst, dann stelle klar, dass beim Lohn durchaus verhandelt werden kann.

5. Noch Fragen?

Am Ende sollte immer genügend Zeit bleiben, Fragen zu stellen und zu beantworten und zwar von beiden Seiten. Rechne diese Zeit, etwa 15 Minuten, bei Deiner Terminplanung für ein Bewerbungsgespräch ein. Wie viel Zeit Du Dir insgesamt nimmst, hängt von der Stelle ab, aber eine Stunde sollte es in der Regel mindestens sein.

Die Entscheidungsfindung

Die Entscheidung, eine Bewerberin oder einen Bewerber einzustellen, sollte eigentlich nicht von Dir allein getroffen werden. Besprich dies mit den Kollegen, die mit dieser Person zusammenarbeiten sollen. Heute ist es nicht mehr üblich, eine Einstellung allein der Personalabteilung zu überlassen. Das Team ist gefragt. Diese Kriterien sind dabei zu beachten:

Hat der Bewerber oder die Bewerberin die fachlichen Fähigkeiten, die benötigt werden?

Liegt eine ausreichende Erfahrung in dem Bereich vor, welcher ausgeschrieben ist?

Welchen menschlichen Eindruck hat die Person gemacht, wie waren Kommunikation und Sozialverhalten?

Du kannst auch eine Liste mit Kriterien erstellen, die einen Bewerber ausschließen würden. Das ist meistens einfacher als eine lange Qualifikationsliste, die man abhaken muss.

Solche **KO-Kriterien** könnten sein:

- Muss aus Diversitätsgründen in einer Altersgruppe sein

- Muss eine Frau oder ein Mann sein (wenn es Quoten gibt)

- Muss eine bestimmte Programmiersprache können (oder eine bestimmte Software)

- Muss eine bestimmte Maschine bedienen können

- Muss bereits Führungsaufgaben mit mehr als 10 Mitarbeitern wahrgenommen haben

- Muss bereit sein, viel zu reisen.

Manchmal reichen diese Faktoren schon aus, um Bewerber auszusortieren, sie in die nächste Runde zu bringen oder gar gleich einzustellen. Was aber, wenn die Parameter alle stimmen und Du Dich nicht zwischen zwei gleich qualifizierten Bewerbern entscheiden kannst? Dann verlasse Dich auf Dein Bauchgefühl, denn das ist meistens der beste Ratgeber. Mehrere Studien, unter anderem von Stepstone, haben gezeigt, dass viele Chefs das Gefühl sprechen lassen. Es ist aber auch deutlich geworden, dass man gerne dieses Gefühl messen würde. Wenn Du den Aufwand nicht scheust und das Cultural Fit,[11] also ob jemand in die Unternehmenskultur passt, auch als Daten haben willst, kannst Du auch die Hilfe von Persönlichkeitstests in Anspruch nehmen. Übrigens haben auch Bewerber bisweilen Bedenken, ob das Unternehmen auch kulturell hält, was es verspricht. Du wirst Dich deshalb auch auf Gegenfragen gefasst machen müssen.

> **BEISPIEL:**
>
> Der Betreiber einer Coffeeshop-Kette hatte Werbung damit gemacht, dass er besonders umweltfreundlich sei und zum Beispiel auf Strohhalme aus Plastik verzichtet. Ein Mitarbeiter fragte in einem Bewerbungsgespräch nach, wie es sich mit einer Unterfirma verhalte, die günstige Coffeeshops in Einkaufszentren betreibe. Diese benutze nämlich Strohhalme aus Plastik. Der Unternehmer versuchte sich damit herauszureden, dass man damit versuche, Verschmutzungen durch Flüssigkeiten zu vermeiden und die Kunden dort außerdem meistens einen Strohhalm verlangen. Der Mitarbeiter wollte aber unbedingt in einem Unternehmen ar-

---

[11] Rottländer, I. (2017): Passt der Bewerber? Viele Arbeitgeber entscheiden nach Baufgefühl. URL:
https://www.haufe.de/personal/hr-management/cultural-fit-im-recruiting/cultural-fit-viele-arbeitgeber-entscheiden-nach-bauchgefuehl_80_424784.html [Stand: 15-01-2019]

beiten, dass Umweltschutz ernst nimmt, und beendete das Bewerbungsgespräch.

Einstellungsgespräche und die Partizipation von bestehenden Mitarbeitern daran sind auch ein wichtiges Instrument der Mitarbeiterführung. Du kannst hier Transparenz beweisen, gibst aber auch Verantwortung ab und zeigst, dass Du an der Meinung der Angestellten wirklich interessiert bist. Deswegen ist es manchmal auch besser, einem Mitarbeiter die Gesprächsführung beim Einstellungsgespräch zu überlassen. Das signalisiert auch dem Bewerber oder der Bewerberin, dass Du als Chef zuhören kannst und nicht die Kontrolle über alles haben willst.

6.15 Mitarbeitergespräche

Gespräche mit Mitarbeitern sind immer ein gutes **Messinstrument** für Dich, um zu sehen, wie es um Deine Work Force bestellt ist. Solche Gespräche sind keine Beurteilungen und sollten auch nicht nur dann einberufen werden, wenn es ein Problem gibt. Sonst kann schnell der Eindruck entstehen, dass Du als Chef lediglich an den Mitarbeitern interessiert bist, wenn etwas schiefgeht. Mitarbeitergespräche können viele **verschiedene Ziele** verfolgen:

- Verbesserung der Kommunikation zwischen Mitarbeitern und Vorgesetzten

- Äußern von Anerkennung und Kritik

- Förderung des gegenseitigen Verständnisses

- Klären von Aufgaben- und Verantwortungsbereichen

- Austausch bzgl. Arbeitsleistung, Arbeitsergebnissen und betrieblichem Verhalten

- Einbeziehen von Ideen und Erwartungen der Mitarbeiter

- Treffen von Vereinbarungen für die zukünftige Zusammenarbeit im Sinne von Zielvereinbarungen

Gespräche mit Mitarbeitern können auch **in der Gruppe** durchgeführt werden. Wenn sie nicht anlassbezogen sind, solltest Du ein Gespräch oder eine Gesprächsrunde auch ergebnisoffen halten. Hier wäre es kontraproduktiv, sich Ziele zu setzen. Vielmehr solltest Du als Vorgesetzter so viele Informationen wie möglich aus diesen Zusammenkünften ziehen. Deshalb ist es auch wichtig, dass Du den Mitarbeitern den meisten Raum überlässt. Am besten ist es, wenn auch die Sitzordnung das signalisiert, ihr zum Beispiel in einem Kreis sitzt statt an einem Tisch mit dem Chef am Kopfende. Du kannst eine solche Runde auch schon dadurch auflockern, dass der Schlips abgenommen wird, oder es Getränke für alle gibt. Bei einem Gespräch unter zwei Augen solltest Du Dich ebenfalls nicht hinter Deinem Schreibtisch verstecken, sondern auf Barrieren zwischen Dir und dem Mitarbeiter verzichten.

Man wird von Dir allerdings erwarten, zumindest das **Gespräch** zu **eröffnen**. Dafür gibt es verschiedene Wege:

- Du kannst fragen, was gut läuft
- Du kannst fragen, was schlecht läuft
- Du kannst fragen, ob es Ideen und Vorschläge gibt
- Du kannst fragen, was verbessert werden kann
- Du kannst fragen, wie sie die Lage einschätzen

Frage jedoch nicht, wie die Lage IST, denn das kommt oft so an, als ob der Chef nicht weiß, wie es um sein Unternehmen bestellt ist. Solche Gespräche sind keine Meetings, in denen jeder versucht so gut wie möglich auszusehen. Vielmehr geht es darum, die Bindungen zu stärken, Vertrauen zu vertiefen und früh zu erkennen, ob es Probleme gibt.

Ob Du ein Protokoll oder ein Memo von dem Gespräch anfertigst, hängt zum einen vom Verlauf, aber auch vom Inhalt ab. Da es nicht um eine Beurteilung geht, musst Du keine Aufzeichnungen zu persönlichen Dingen machen. Es reicht, daraus eine To-do-Liste abzuleiten, welche Erkenntnisse aus dem Gespräch wie umgesetzt und weiterverfolgt werden können.

6.16 Das Generationenproblem

Eine große Herausforderung für Unternehmen sind die verschiedenen Generationen, die vor allem in größeren Unternehmen zusammenkommen. Aber auch in einer kleinen Firma kann der 55-jährige Grafiker ein komplett anderes Weltbild haben als die 25-jährige Buchhalterin. Es gibt verschiedenen Begriffe für die Generationen nach dem Zweiten Weltkrieg bis heute, die sich durchgesetzt haben:

Babyboomer (1955 - 1965)

Generation X (1966 - 1980)

Generation Y (1981 - 1995)

Generation Z (ab 1996)

Diese vier Generationen (die Geburtsjahreszahlen sind etwas flexibel zu verstehen) haben alle unterschiedliche Geschichten, Werte und Umfelder. Die Babyboomer haben die Nachwirkungen des Krieges und die wilden 60er erlebt, die Generation X den Kalten Krieg, die Generation Y die Wende und die Generation Z kann kaum mehr einen normalen Computer bedienen, weil sie mobil ist.

Was bedeutet das für Dich in der Mitarbeiterführung?
Alle diese Generationen haben unterschiedliche Lebensauffassungen und Ziele. Diese zu kennen kann Dir helfen, die

Motivation Deiner Mitarbeiter zu verstehen, sie entsprechend zu fördern und einsetzen zu können.

Babyboomer

Diese sind heute über 50 Jahre alt und kurz vor der Rente. Viele suchen keine neuen Herausforderungen mehr, wollen aber gerne ihre Erfahrung weitergeben. Sie sind meistens gelassener, was das Auf und Ab in der Geschäftswelt angeht, neigen aber zu größerem Widerstand bei Veränderungen. Die Senioren sind außerdem meistens gute Strategen und trauen sich auch, Entscheidungen zu treffen.

Generation X

Diese Generation bereitet sich auf den letzten Abschnitt des Berufslebens vor. Diese Mitarbeiter findet man überwiegend in den Führungsetagen, sie sind die Manager und Unternehmer, die es bis ganz oben geschafft haben. Für viele ist ihre aktuelle Position auch das Ende der Karriere. Sie können kaum mit Aufstiegschancen motiviert werden. Dafür sind sie aber hervorragend für die Weiterbildung geeignet, können Teams und Abteilungen führen und auch neue Sparten aufbauen. Mit der richtigen Einstellung können sie auch Projekte mit etwas mehr Gelassenheit führen als jüngere Kollegen.

Generation Y

Diese Generation kennt noch die Anfänge des Internets, viele haben damals die ersten digitalen Schritte getan. Sie benutzen heute das Smartphone, aber auch noch E-Mail und SMS. Diese Generation ist in den mittleren Führungsetagen angekommen, gehört aber auch zu denen, die eine Work-Life-Balance für wichtig erachten. Sie sind es gewohnt, Stellen zu wechseln, wenn sie eine interessante Aufgabe sehen. Als Führungskraft wirst Du hier vor allem die Loyalität der älteren Mitarbeiter vermissen, dafür aber auch sehr innovatives und kreatives Denken vorfinden. Millennials, wie diese Gruppe auch genannt wird, sind es außerdem gewohnt, in Teams zu arbeiten.

Generation Z

Diese Generation bildet die Berufseinsteiger. Während in Deutschland die Zahl der jungen Menschen abnimmt, ist sie weltweit am Ansteigen. Da auch in den Schwellenländern immer besser ausgebildete Menschen ins Berufsleben eintreten, besteht bald in dieser Altersgruppe eine weltweite Konkurrenz. Die Generation Z ist mit dem Internet aufgewachsen und denkt digital. Zwischen ihn und den Babyboomer gibt es das größte Konfliktpotenzial, weil die Lebenswelten so weit auseinander liegen.

Problemlösungen bei Generationenkonflikten

Wie kannst Du nun aber die Balance zwischen den Generationen halten? Die Wirtschaftskammer Österreich kennt das Problem nur zu gut, weil es auch in vielen Familienbetrieben des Landes immer wieder aufkommt. Sie hat eine Broschüre herausgegeben,[12] die sich speziell mit diesem Thema beschäftigt. Zunächst einmal sei gesagt, dass mehrere Generationen unter einem Dach etwas Gutes sind, und dass sich das auch kaum vermeiden lässt. Diversität ist immer befruchtend, wenn auch nicht immer einfach zu managen. Deswegen solltest Du nicht nur nach jungen Talenten schauen, sondern immer auch Mitarbeiter im Alter von 40 - 50 Jahren haben.

Die WKO sieht vor allem die **Work-Life-Balance** als ein Werkzeug, um die Generationen zu managen, weil diese heute in fast allen Altersgruppen eine große Rolle spielt. Ältere Mitarbeiter können nicht mehr so hart arbeiten, wie das noch mit 30 Jahren der Fall war, jüngere Mitarbeiter sehen in ihrem Leben aber auch noch mehr als nur die Arbeit, und das Mittelfeld will auch das bislang Erreichte privat genießen. Wenn Du Dich bemühst, bei der Verteilung der Aufgaben und Arbeitsplatzbeschreibungen diese Balance

---

[12] WKO (2018): Generationen-Balance im Unternehmen – Empfehlungen und Praxis-Tipps für eine alter(n)sgerechte Arbeitswelt in KMU, WIFI Unternehmerservice der Wirtschafskammer Österreich, Wien. URL: https://www.wko.at/service/unternehmensfuehrung-finanzierung-foerderungen/wifi_us_generationen_balance_1406.pdf [Stand: 22-11-2018]

mit einzubeziehen, wirst Du die meisten Mitarbeiter schon einmal auf Deiner Seite haben:

- Bei den 20 bis 30-Jährigen geht es vor allem um Freiheit bei der Arbeit, Teamarbeit und Weiterbildung.

- Die 30 bis 45-Jährigen wollen Verantwortung übernehmen, aber auch das Gefühl, nicht zum alten Eisen zu gehören. Sie sind auch offen gegenüber Home Office Ideen und Teilzeitarbeit.

- Die 45 bis 60-Jährigen brauchen altersgerechte Arbeitsplätze, zum Beispiel andere Stühle, weniger Lärm und manchmal auch neue Aufgabenfelder.

Wichtig ist hierbei, dass "eine offene oder versteckte Bevorzugung oder Diskriminierung einzelner Altersgruppen" vermieden wird und Du stattdessen als ein "Gegenüber für alle Altersgruppen" auftrittst. Und hier noch ein paar Ratschläge aus Österreich für den Alltag in der Firma, wenn es um den Altersmix geht:[13]

- "Achten Sie auf die Potenziale jedes Mitarbeiters, egal in welcher Altersgruppe; sowohl ältere als auch sehr junge Mitarbeiterinnen und Mitarbeiter haben ihre Stärken!"

---

[13] WKO (2018): Generationen-Balance im Unternehmen – Empfehlungen und Praxis-Tipps für eine alter(n)sgerechte Arbeitswelt in KMU, WIFI Unternehmerservice der Wirtschafskammer Österreich, Wien, S. 19

- "Sparen Sie nicht mit Wertschätzung und Anerkennung – für Lob oder anerkennende Worte ist man nie zu jung oder zu alt!"

- "Stellen Sie Chancengleichheit bezüglich Lern- und Entwicklungsmöglichkeiten für alle Altersgruppen sicher."

- "Führen Sie lebensphasenbezogene Mitarbeitergespräche; berücksichtigen Sie die unterschiedlichen Bedürfnisse, Erwartungshalten und Talente der einzelnen Altersgruppen."

7. Fehler, die Chefs gerne machen

Niemand ist perfekt und aus Fehlern kann man lernen. Nimm beides zusammen und Du kannst in diesem Kapitel lernen, was manche falsch machen und es vermeiden. Chef sein ist nicht einfach, vor allem wenn man es nicht gelernt hat. Wer eine Firma gründet, hat meistens keine Mitarbeiterführungsseminare besucht,[14] und selbst im Studium nimmt Personalführung nur einen kleinen Teil ein. Deshalb werden automatisch Fehler gemacht. Hier einige, die besonders häufig vorkommen:

Wir denken alle gleich

Nur weil Du eine bestimmte Arbeitsweise hast, gewisse Werte oder auch einen bestimmten Erfahrungshorizont, heißt das nicht, dass Deine Mitarbeiter ihn auch haben. Denkweisen sind von Mensch zu Mensch verschieden und viele Konflikte entstehen dadurch, dass sich zwei Menschen in verschiedenen Denkwelten befinden. Ein klassisches Beispiel ist Pünktlichkeit: Für die meisten bedeutet diese, zur vereinbarten Zeit da zu sein, und mehr als 5 Minuten Verspätung sind nicht akzeptabel. Einige kommen grundsätzlich zu früh, weil sie

---

[14] WKO (2016): Erfolgsfaktor Mitarbeiterführung – Ein Leitfaden für Klein- und Kleinstbetriebe, WIFI Unternehmerservice der Wirtschafskammer Österreich, Wien, S. 22

Angst haben, zu spät zu sein. Und wieder andere sehen auch 15 Minuten noch als nicht verspätet an.

Ich bin besser als die anderen

Selbst wenn Du wirklich brillant bist, bringt Dich das nicht weiter, wenn Du die anderen für dümmer hältst und ihnen das auch noch sagst. Nur weil Du etwas weißt und kannst, bedeutet das noch nicht, dass andere nicht auch Dinge draufhaben, die Dir völlig fremd sind. Außerdem hast Du Deine Mitarbeiter nicht eingestellt, um Dich zu ersetzen, sondern weil sie bestimmte Dinge machen (können), für die Du keine Zeit hast – oder auch kein Fachwissen.

Alle verstehen meine Gedanken

Solange unsere Gehirne noch nicht vom Computer ausgelesen und auf einem Display angezeigt werden, kann niemand wissen, was und wie Du denkst. Manchmal denkst Du schon zwei Schritte voraus, nur wissen das eben Deine Mitarbeiter nicht und dann beschwerst Du Dich, dass es nicht rund läuft. Es ist deshalb wichtig, dass Du in einer ständigen Kommunikation mit Mitarbeitern stehst, damit diese auch an Deinen Gedankengängen Teil haben und wissen, was Du wirklich willst.

8. Mitarbeiter in Teams führen

In modernen Unternehmen werden die Führungskräfte auch immer wieder in Teams eingebunden, ohne dort automatisch auch eine Führungsaufgabe zu übernehmen. Auch in einem kleinen Unternehmen muss der Chef immer mal wieder mit Hand anlegen und seine Führungsrolle oder seinen Titel für kurze Zeit ruhen lassen. Teamarbeit gibt Dir als Vorgesetzten oder Unternehmer aber auch gute Einsichten in das Verhalten Deiner Mitarbeiter und Du kannst auch selbst eine Menge davon lernen. Um zu verstehen, wie Teams (und Gruppen generell) funktionieren, solltest Du die grundlegende Dynamik kennen, die einer Gruppen- und Teambildung zugrunde liegt.

In jeder Gruppe, die sich neu zusammenfindet, bilden sich bestimmte Persönlichkeiten heraus. Diese sind …

… der Leader (Alpha)

In fast jeder Gruppe gibt es eine Person, die recht schnell die Führung übernimmt. Meistens haben diese Personen eine Art Charisma, aber auch besondere Erfahrungen und Fähigkeiten (Leader geben vor, diese zu haben), was ihnen Respekt von den meisten anderen Mitgliedern der Gruppe einbringt. Sie führen die Gruppe und vertreten (und verteidigen) sie nach außen. Sie geben aber auch innerhalb einer Gruppe Anweisungen.

Oftmals wird automatisch der Chef diese Rolle übernehmen, wenn er Teil eines Teams ist. Oder aber die anderen erwarten vom Chef, diese Rolle automatisch innezuhaben oder zu übernehmen.

Für Dich hat diese Rolle Vor- und Nachteile. Zum einen kannst Du auch beweisen, dass Du als Chef in der Lage bist, die Tagesarbeit zu machen, und das gemeinsam mit Deinen Mitarbeitern. Zum anderen kann es je nach Führungsstil und Persönlichkeit sein, dass die Mitarbeiter auf Anweisungen warten, statt eigenständig zu arbeiten.

Du kannst, aber Du musst nicht die Führungsrolle übernehmen. Manchmal ist es auch gut zurückzutreten und zu beobachten, wie die anderen das machen. Es ist auch ein gutes Training für andere Führungskräfte.

... der Experte (Beta)
Der Experte ist immer der Zweite. Experten haben das gleiche Fachwissen (oder sogar mehr) wie Führer, aber es fehlt ihnen an Persönlichkeit, Charisma und oft auch Selbstvertrauen. Allerdings sind die Führer auch auf die Experten angewiesen: Sie liefern das Fachwissen, das die Führungsperson braucht, und dürfen als Ausgleich nahe an der Macht sein. Sie können aber auch dem Alpha gefährlich werden, indem sie eine Revolution anzetteln und die Führung übernehmen. Deswegen wird

das Verhältnis zwischen Führungsperson und Experten immer auch etwas angespannt sein. Es liegt hier vor allem an der Unternehmenskultur, wie man solche machtgetriebenen Verhaltensweisen eingrenzen oder gar ausschließen kann. Offenheit hilft hier ein großes Stück, aber auch das Wissen, dass die Position eines Führers keine wirkliche Macht mit sich bringt.

Du kannst diese Rolle einnehmen, wenn Du in einem Team sehen willst, wie sich ein Mitarbeiter oder eine Mitarbeiterin in einer Führungsposition behauptet. Du solltest natürlich auch signalisieren, dass Du keine Gefahr darstellst, was schon allein dadurch klar ist, dass Du der Chef des Unternehmens bist (oder der Abteilung).

... das normale Gruppenmitglied (Gamma)

Die Gammas sind die Mitarbeiter, die vor allem ihre Arbeit machen wollen und meistens wenig Interesse an Machtspielen haben. Sie unterstützen alle, die ihnen das Leben leichter machen und haben oft auch nur eine begrenzte Loyalität zu Personen. Sie streben nicht nach Macht oder Führung. Dennoch haben sie auch Wünsche und Begehrlichkeiten und die Führungsperson muss diese erfüllen können.

Als Chef wirst Du selten in dieser Rolle sein, Du müsstest Dich wahrscheinlich selbst sehr zurücknehmen.

Dennoch kann es eine interessante Erfahrung sein, sich ganz von der Verantwortung zurücklehnen zu können und sein Team zu beobachten.

... der Rebell (Omega)

In jeder Gruppe gibt es ein Mitglied, das mit keiner Entscheidung einverstanden ist und jede Entscheidung der Gruppe, vor allem aber des Führers, hinterfragt. In Gruppentheorien, die davon ausgehen, dass Gruppendynamik machtorientiert ist, sind dies die Gegenführer, die den Alpha herausfordern und oft auch stürzen wollen. Sie können aggressiv werden, manchmal aber auch im Verborgenen arbeiten und still und heimlich eine Revolution anzetteln. Als Teamleiter wirst Du zunächst einmal diese Personen identifizieren müssen. Dann gilt es, zu versuchen sie in die Gruppe und vor allem in die Arbeit einzubinden. Bei Entscheidungen sollte ihre Meinung eingeholt werden, damit sie das Gefühl haben, auch ernst genommen zu werden. In manchen Gruppen können diese Omegas aber auch so weit gehen, dass sie die Arbeit blockieren. In einem solchen Fall müssen sie entweder gebeten werden, dies zu unterlassen oder aber auch aus der Gruppe entfernt werden.

Als Teamleiter wirst Du gerade bei den Omegas Deine Führungsqualitäten unter Beweis stellen können. Der Weg der Diplomatie ist immer der beste, aber auch nicht der letzte Weg. Es kann immer zu einem Punkt kommen, an dem Du eine Entscheidung treffen musst. Übrigens kann das auch bedeuten, dem Rebellen Recht zu geben, wenn Du das Team nicht gut führen solltest.

Alle Gruppenpersönlichkeiten sollten allgemeine Verhaltensweisen aufzeigen, die den meisten von uns gängig sind. Sie kommen in Teams mehr oder weniger stark zutage, nicht immer gibt es wirklich Machtspielchen. Solange Du aber weißt, dass sie auftreten können, wirst Du damit auch besser die Motivationen erkennen können.

Das betrifft übrigens auch Teams, in denen Du selbst keine Aufgabe hast. Als Chef bist Du auch gefragt, wenn es in Teams zu Problemen kommt, die selbst der Teamleiter nicht lösen kann. Hier ist dann Deine Entscheidungsfähigkeit gefragt.

BEISPIEL:

Ein Team ist zusammengestellt worden, um eine neue Verkaufsstrategie zu entwickeln. Der Teamleiter ist die Verkaufschefin, der Experte ist der Kollege aus dem Marketing, der Rebell kommt aus der Abteilung Digitales Marketing. Der Teamleiter will als neue Strategie den Abverkauf in den Läden verbessern und die Kunden zum einen mit Rabatten locken, zum anderen aber auch die Präsentation im Laden verbessern und den Mitarbeitern neue Verkaufstechniken beibringen. Der Experte stimmt dem zu und gibt noch Anregungen, wie man diese Maßnahmen messen kann. Der Digital-Rebell hingegen will vor allem im Internet den Verkauf ankurbeln und sieht die Maßnahmen im Laden als weitestgehend erschöpft an. Die meisten anderen Gruppenmitglieder neigen dazu, der Verkaufschefin beizustimmen, zum einen, weil sie die Vorgesetzte ist, zum anderen, weil sie Angst vor Veränderungen haben.

Der Rebell wird somit kaum die Macht übernehmen können, wird aber auch nicht aufhören, die Gruppe zu stören. Wenn die Verkaufsleiterin aber bei ihrer Person bleibt, kann das Folgen haben – bis zur Kündigung des Digitalexperten.

In so einem Fall solltest Du vor allem vermittelnd eingreifen. Am einfachsten ist es, in der Gruppe ein Gespräch zu führen und darzulegen, wie wichtig online und offline Maßnahmen sind und dass es nicht um ein "entweder - oder" geht, sondern darum, was die besten Ergebnisse liefert und mit den vorhandenen Ressourcen auch umgesetzt werden kann.

Die meisten Konflikte entstehen nicht aus Sachthemen, sondern aus persönlichen Gründen. Je besser Du die persönlichen Motive einschätzen kannst, umso besser wirst Du auch solche Konflikte lösen können und die Mitarbeiterführung insgesamt verbessern.

9. Gruppengefühl schaffen

Unternehmen sind letztlich Gruppen, die eine gemeinsame Aufgabe haben oder – im Idealfall – eine gemeinsame Mission erfüllen. Je mehr Gemeinschaftsgefühl vorherrscht, umso loyaler sind die Mitarbeiter und umso einfacher wird es für Dich sein, Mitarbeiter zu führen. So ein Wir-Gefühl kommt aber nicht über Nacht. Es gibt viele Methoden, um in einem Unternehmen eine Community entstehen zu lassen.

9.1 Klare Mission und Vision

Zunächst solltest Du eine klare Vision haben und das Unternehmen eine Mission. Wenn man sich auf ein gemeinsames Ziel einigt, ist man auch bereit, den Weg dorthin gemeinsam zu gehen. Du solltest dabei auch immer mit gutem Beispiel vorangehen und zeigen, dass Du selbst auch hinter der Mission stehst und sie ernst nimmst. Eine Vision sollte auch so formuliert sein, dass sie verständlich ist, aber auch den Blick in die Zukunft beinhaltet. Je besser die Mitarbeiter diese Aussagen verstehen, umso mehr können sie auch dahinterstehen.

9.2 Events

Das klassische Event, um die Mitarbeiter bei Laune zu halten, ist die Betriebsfeier. Was früher mal zu Sauforgien ausufern konnte, ist heute eher eine Art lockeres Teambuilding. Es bringt die Mitarbeiter zusammen, ohne den Druck der täglichen Arbeit zu haben. Solche Feiern stellen oft eine Belohnung dar, helfen aber auch die Identifikation mit der Firma zu stärken. Feierlichkeiten dieser Art müssen kein wirkliches Programm haben, aber es ist immer hilfreich, zumindest ein paar gruppenbildende oder -verstärkende Elemente einzubauen. Hier helfen auch Spiele, bei denen die Gruppe gemeinsam etwas erreichen muss.

> **BEISPIEL:**
> Stellt euch im Kreis auf. Zwei gegenüberstehende Personen haben ein Glas Wasser in der Hand. Die eine gibt es jetzt nach rechts, die andere nach links. Die Gruppe muss beide Gläser so schnell wie möglich weitergeben. Ein anderes Spiel ist, dass man gemeinsam aus Strohhalmen eine Skulptur (oder das Firmenlogo) nachbauen muss.

9.3 Arbeitskleidung

Auch wenn im deutschsprachigen Raum Uniformen noch immer etwas ungewöhnlich sind, so schaffen sie doch das Gefühl der Zugehörigkeit. Sie heben zu einem gewissen Grad die Individualität auf und lassen den Mitarbeiter und die Mitarbeiterin Teil eines großen Ganzen werden. Allerdings sollte das nicht nur auf den Shop-Floor, die Mitarbeiter im Laden oder in den unteren Ebenen begrenzt werden. Es kann auch sinnvoll sein, die Büromitarbeiter mit Uniformen, zum Beispiel Hemden, Blusen, T-Shirts oder Polo-Shirts auszustatten. Du solltest aber dann auch den sogenannten Casual Friday einführen, an dem die Mitarbeiter keine Uniform tragen müssen, zumindest nicht in den Bereichen, in denen es keinen direkten Kundenverkehr wie in einem Geschäft gibt.

9.4 Erfolge feiern

Kaum ein Microsoft-Mitarbeiter wird die oftmals bizarren Vorstellungen von *Steve Ballmer* vergessen, der bei der jährlichen Zusammenkunft versuchte, mit etwas merkwürdigen Einlagen die Mitarbeiter auf das Unternehmen einzuschwören. Du musst nicht wirklich auf der Bühne tanzen, aber ein erfolgreicher Geschäftsabschluss kann schon auch mal gemeinsam gefeiert werden. Das kann auch auf Abteilungsebene geschehen, bei kleineren Firmen kannst Du auch die gesamte Belegschaft zusammenrufen. Denke aber dran, dass es darum geht, zu zeigen, dass man etwas gemeinsam geschafft hat. Lange Reden des Bosses sind da aber kontraproduktiv. Solche Zusammenkünfte können sehr locker sein, am besten im Kreis stehen, auf keinen Fall aber ein Rednerpult benutzen.

9.5 Events besuchen

Auch wenn eine Dienstreise, wie zum Beispiel einen Messebesuch oder Besuche von Lieferanten und Kunden, natürlich mit Arbeit verbunden ist, fühlen sich Mitarbeiter durchaus geehrt, wenn sie mitgenommen werden. Es ist eine Auszeichnung, man darf einmal etwas anderes machen und hat Abwechslung. Nur weil Du viele Messebesuche machst und oft auf Dienstreise bist, heißt das nicht, dass es für andere nicht eine Ausnahme ist.

Gerade wenn Du Außenstellen und Filialen hast, ist das eine geeignete Maßnahme, die Mitarbeiter zu motivieren. Gleichzeitig kannst Du aber auch beobachten, wie sie sich in einer neuen Umgebung verhalten.

10. Mitarbeiterhandbuch und Guidelines

Ohne Regeln geht nichts, aber wie die Regeln formuliert und kommuniziert werden, hat einen Einfluss auf die Durchsetzung und auch die Mitarbeiterführung. Diese Grundlagen der Zusammenarbeit sollten so formuliert sein, dass sie jedem verständlich sind und die Kernaussagen klar zu entnehmen sind. Gleichzeitig sollte ein Handbuch kein 200-seitiges Regelwerk sein, denn das liest sich keiner durch. Vielmehr solltest Du überlegen einen Grafiker zu beauftragen, der die wichtigsten Regeln optisch ansprechend aufbereitet und zu einem kleinen Buch zusammenfasst. Ausnahmen sind bestimmte Sicherheitsrichtlinien (hier wirst Du auch gesetzlichen Vorgaben folgen müssen und Handbüchern, die einen Prozess beschreiben). In einem Betrieb gibt es je nach Größe diverse Regularien und Anweisungen, die jeder Mitarbeiter lesen, akzeptieren und unterzeichnen muss.

10.1 Allgemeine Betriebsordnung

In der allgemeinen Betriebsordnung wird niedergeschrieben, wie die Arbeit in der Firma funktioniert, aber auch was man wissen muss, wenn man hier arbeitet. Ganz oben solltest Du aber zunächst noch einmal die Firmenphilosophie und die Mission zusammenfassen, denn diese sind das Herzstück der Organisation. Du kannst in diesem Handbuch dann die Arbeitszeiten und Pausenregelungen niederschreiben, welche Vorschriften es gibt, um Urlaub zu beantragen, wie man sich krankmeldet, wo das Auto geparkt werden kann und wie die Kaffeeküche funktioniert. Mitarbeiter lieben klare Anweisungen, aber keine allzu formalen. Versuche das Geschriebene zumindest mit Bildern oder Zeichnungen aufzulockern.

Weitere Punkte sind:

- innerbetriebliches Vorschlagswesen

- Benutzung von Geräten (zentraler Drucker, Kopierer, Scanner etc.)

- Leistungen des Unternehmens, wie Kleidung, Laptop, Schreibtisch

- Benutzung und Buchung von Meetingräumen

- Sicherheitshinweise (was passiert, wenn ...)

- wie Konflikte gelöst werden

Handbücher schreiben birgt immer die Gefahr, zu kreativ zu sein und zu viele Punkte aufzuführen. Versuche Dich wirklich auf das Notwendige und Wesentliche zu beschränken. Nichts ist frustrierender für einen neuen Mitarbeiter, als wenn er erst einmal langatmig gesagt bekommt, was er zu tun und zu lassen hat.

Du solltest Dich auch damit zurückhalten, allzu oft – selbst bei Verstößen – auf das Handbuch und die Betriebsordnung zu verweisen. Es ist wichtiger, dass die Mitarbeiter den Geist des Werkes verstehen und akzeptieren als ihnen zu sagen, was die Absätze 4 und 5 besagen.

10.2 Social Media Guidelines

Fast unumgänglich ist heute eine Richtlinie, wie Soziale Medien während der Arbeitszeit genutzt werden dürfen und was man über seine Arbeit auf privaten Accounts schreiben darf oder besser nicht. Du wirst Dich hier auf dünnes Eis begeben, denn es ist natürlich nicht mehr möglich, die Nutzung von Facebook, WhatsApp usw. zu verbieten. Du kannst sie technisch auf Computern untersagen, vor allem aus Sicherheitsgründen. Dass Firmengeheimnisse nicht gepostet werden sollen, ist klar, aber manchmal wissen die Mitarbeiter nicht, was sensible Daten und Informationen sein können. Zu diesen gehören:

- Screenshots, die Deine offenen Tabs im Browser zeigen

- Selfies, bei denen im Hintergrund zu lesen ist, was sich auf Deinem Computerbildschirm befindet

- Fotos vom Strategiemeeting, die auch die Mindmap an der Wand zeigen

- Bilder vom Meeting mit einem potenziellen Großkunden

- Negative Äußerungen über das Unternehmen oder Kollegen

- Stellungnahmen zu öffentlichen Diskussionen über das Unternehmen

Du kannst die sozialen Medien aber auch nutzen, um ein Gefühl dafür zu bekommen, was Deine Mitarbeiter denken und fühlen. Das darf aber immer nur mit voller Transparenz geschehen. Das betrifft zum Beispiel die Frage, ob Du als Chef mit Deinen Mitarbeitern auf Facebook befreundet sein darfst und sollst. Am besten ist es, privates und berufliches hier zu trennen. Dennoch wirst Du auch Mitarbeiter haben, mit denen Du im Laufe der Zeit eine Freundschaft geschlossen hast und die dann auch auf Facebook Freunde sein können. Denke aber auch als Chef immer daran, dass Deine Gedanken in solchen Netzwerken auch von Deinen Mitarbeitern gelesen werden können.

BEISPIEL:

Ein Gast-Dozent an der TU Darmstadt hatte gerade angefangen, mit seinen Studenten in Wochenendworkshops zu arbeiten. Er war mit den Studenten aber nicht zufrieden, vor allem was ihre Begeisterung für den Workshop anbelangte. Er nahm ein Video auf, in dem er seinen Unmut bekundete, und veröffentlicht das in seinem privaten Blog. Einer der Studenten sah das aber und beschwerte sich bei der Universitätsleitung. Diese musste dem Gast-Dozenten eine mündliche Verwarnung aussprechen. Gerade er, der im Workshop auch Blogs und soziale Medien besprach, hätte wissen müssen, dass das Video auch von denen gesehen wird, die er kritisiert.

Deswegen solltest Du als Chef besonders gut überlegen, wo Du wie über Deine Mitarbeiter und Dein Unternehmen sprichst. Das Internet vergisst nichts und irgendwo liest dann doch einer mit oder jemand macht eine Aufzeichnung.

10.3 IT-Sicherheit

Ein in den meisten Unternehmen völlig vernachlässigtes Thema ist die IT-Sicherheit. Es werden keine Updates gemacht, Passwörter bestehen Jahre lang und werden sogar auf Post-it's geschrieben und Mitarbeiter öffnen und lesen ihre privaten E-Mails auf dem Firmencomputer. Es gibt allgemeine IT-Sicherheitshandbücher, zum Beispiel einen Leitfaden zur IT-Grundsicherheit, der vom Bundesamt für Sicherheit in der Informationstechnik verfasst wurde und kostenlos heruntergeladen werden kann.[15]

Einige wichtige Grundlagen:

- Privates gehört nicht auf den Firmencomputer

- Wenn die IT-Abteilung ein Update machen will, hat das Priorität

- Passwörter werden nicht auf Zettel geschrieben

- Der Virenscanner darf nicht ausgeschaltet werden

- Nicht wahllos zugeschickte Dateien öffnen

- Keine Screenshots posten

- Passwörter müssen sicher sein.

Du wirst Dich bisweilen unbeliebt machen, wenn Du Deine Mitarbeiter aufforderst, die Richtlinien zu befolgen. Jeder hasst es, alle zwei Monate das Passwort zu ändern, aber dafür gibt es Passwortmanager. Jedes Jahr gehen Unternehmen Millionen verloren, weil sie gehackt wurden und das Management das Thema nicht ernst genommen hat.

---

[15] Bundesamt für Sicherheit in der Informationstechnik (2019): IT-Grundschutz. URL: https://www.bsi.bund.de/DE/Themen/ITGrundschutz/ITGrundschutzDownloads/itgrundschutzDownloads_node.html [Stand: 02-02-2019]

BEISPIEL:

Ein Hotel in Asien hatte seine IT-Sicherheit an ein kleines Unternehmen ausgelagert, das nicht mehr konnte als ein paar Windows-Updates zu machen und einen kostenlosen Virenscanner zu installieren. Es gab kein Training der Mitarbeiter oder des Managements. Eines Morgens kam die Hoteldirektorin ins Büro und alle Daten auf dem Server waren gelöscht und es gab kein Backup. Darunter waren zukünftige und bestehende Buchungen, aber auch die komplette Buchhaltung. Ein Hacker hatte einem Mitarbeiter eine Phishing-E-Mail geschickt und sich darüber Zugang zu der IT-Umgebung des Hotels verschaffen können. Es war höchstwahrscheinlich jemand, der im Auftrag eines Mitbewerbers handelte.

Sicherheit der Daten bedeutet immer auch Sicherheit der Mitarbeiter und deren Arbeitsplätze. Wenn Du es auf diese Weise erläuterst, werden sie es auch eher verstehen.

10.4 Kommunikation

Wie kommuniziert das Unternehmen nach außen und wer ist befugt das zu tun? Du solltest klar sagen, wer die Befugnis hat, nach außen zu kommunizieren. Solche Ereignisse können sein:

- Anfragen von Journalisten

- Stellungnahmen in Fachmagazinen

- Reden auf Veranstaltungen

- Beiträge auf den Internetseiten/Blog des Unternehmens oder seinen sozialen Medien

Du kannst hier auch festlegen, wie die Begrüßungsformel am Telefon lautet, wie eine E-Mail geschrieben wird, welche Vorlagen es für Präsentationen außerhalb der Firma gibt und wie schnell eine Anfrage beantwortet werden soll.

Unter Kommunikation wird hier vor allem die nach außen verstanden, aber auch interne Kommunikation ist wichtig. Das betrifft zum Beispiel Rundschreiben an Mitarbeiter und Kollegen. Du musst keine Regeln für den Wortlaut aufstellen. Aber Du solltest gerade bei Deinen eigenen Rundschreiben genau überlegen, wie diese bei den Mitarbeitern ankommen. Eine E-Mail, die einen neuen Auftrag verkündet, ist natürlich immer willkommen. Anweisungen, vor allem aber Kritik, solltest Du, wenn möglich von Angesicht zu Angesicht oder in Meetings besprechen.

Wenn alle in der Firma sich gegenseitig respektieren, wird sich das auch im Ton der internen Kommunikation niederschlagen. Du kannst aktiv daran mitarbeiten, dass sich hier auch die positive Unternehmenskultur zeigt.

10.5 Do's and Dont's

Viele Unternehmen verfassen heute auch Verhaltensrichtlinien oder zumindest Vorschläge, was man machen und vor allem in der täglichen Zusammenarbeit nicht machen sollte. Amerikanische Unternehmen sind dabei etwas überkorrekt, vor allem, weil sie Klagen vermeiden wollen. Aber es schadet sicherlich nicht, einige Grundsätze des menschlichen Zusammenseins noch einmal zu erwähnen:

- Keine Beleidigungen

- Keine herablassenden Bemerkungen

- Niemand darf wegen seiner Hautfarbe, Herkunft, Alter, Geschlecht, sexueller Orientierung, politischer Gesinnung oder persönlichem Lebensstil diskriminiert werden

- Konflikte werden gemeinsam gelöst

- Geraucht wird nur draußen

- Musik hören nur mit Kopfhörern, sodass andere nicht stört werden

- Und noch ein Klassiker zur Kaffeeküche: Der Kaffee wird dann neu aufgesetzt, wenn sich in der Kanne weniger Kaffee befindet, als notwendig wäre, um eine Tasse zu dreiviertel zu füllen

Tattoos oder einen bestimmten Frisurenstil zu verbieten ist antiquiert und sollte vermieden werden. Wer bei der Arbeit, vor allem im Großraum Musik hören will, um ungestört zu sein, sollte das auch dürfen.

Ein oft genanntes Thema sind auch private Beziehungen unter Mitarbeitern. Es gibt leider immer noch Firmen, die das untersagen, obwohl sie es nach Gesetzeslage nicht dürften.
Insbesondere Frauen haben global betrachtet einen schweren Stand auf dem Arbeitsmarkt. Es existieren 104 Länder, die Frauen die Arbeit an bestimmten Tätigkeiten verbieten. Darunter sind 18 Ländern, bei denen der Mann sogar das Recht hat, der Frau zu untersagen, einen Job nachzugehen.[16]

Natürlich werden persönliche Konflikte, die ein Paar hat, auch auf der Arbeit eine Rolle spielen. Aber auch wenn der Partner woanders arbeitet, nimmt man den Streit trotzdem mit ins Büro. Solange eine Beziehung nicht ausgenutzt wird, zum Beispiel um sich Vorteile zu verschaffen, solltest Du Dich freuen, wenn Mitarbeiter zueinander finden. In vielen Fällen kann das auch eine große Motivation sein. Im Übrigen sei gesagt, dass es in Familienunternehmen zum Beispiel

---

[16] Wood, J. (2018): 104 countries have laws that prevent women from working in some jobs. URL:
https://www.weforum.org/agenda/2018/08/104-countries-have-laws-that-prevent-women-from-working-in-some-jobs/ [Stand: 04-01-2019]

üblich ist, dass sowohl die Gründereltern als auch die Kinder mit ihrem Partner dort mitarbeiten.

10.6 Was tun bei einem Verstoß?

Die besten Regeln werden Mitarbeiter nicht davon abhalten, auch mal dagegen zu verstoßen. Hier wirst Du eingreifen müssen, aber auch daran denken müssen, dass die anderen Mitarbeiter genau beobachten, wie Du mit einem Verstoß umgehst.

Zunächst einmal hängt es von der Schwere des Verstoßes ab. Du kannst in der Betriebsordnung festlegen, was bei Verstößen geschieht, allerdings gibt es auch gesetzliche Regelungen und Maßnahmen wie die Abmahnung. Ein Eintrag in die Personalakte ist heute etwas altmodisch und bringt niemandem wirklich etwas.

Zunächst sollten Verstöße, vor allem wenn sie nicht schwerwiegend sind, auf der untersten Ebene besprochen werden. Gib Deinem mittleren Management die Kompetenzen, damit umzugehen zu dürfen. Im Vordergrund sollte dabei die Frage stehen, warum ein Verstoß begangen wurde.

Schwerwiegend sind Verstöße dann, wenn:

- sie aktuell den Betriebsfrieden stören

- die Sicherheit des Unternehmens bedrohen

- das Geschäft des Unternehmens nachweislich bedrohen

- vertrauliche und wichtige Unterlagen bewusst weitergegeben wurden

- gestohlen wurde

- jemand wiederholt gegen die gleichen Bestimmungen verstoßen hat

- Mitarbeiter nachhaltig beleidigt oder diskriminiert wurden

Als Maßnahmen kannst Du zunächst eine Verwarnung aussprechen. In einem etwas lockeren Umfeld kann das auch durch eine Gelbe Karte geschehen, die Du zeigst: Sie kann Dir Autorität geben und zeigen, dass es Dir Ernst ist und dennoch einen etwas spielerischen Charakter haben. Du kannst selbst festlegen, nach wie vielen Verwarnungen Du eine Abmahnung aussprichst. Nach drei Abmahnungen sollte ein Mitarbeiter das Unternehmen verlassen.

Je nachdem welchen Führungsstil Du bevorzugst, wirst Du Verstöße milder oder härter bestrafen. Du solltest Dich aber keineswegs vor einer Entscheidung drücken – das wird als Führungsschwäche verstanden und kann unter anderem den Effekt haben, dass es insgesamt zu Verstößen kommt.

10.7 Konflikte lösen

Wann immer Menschen zusammenarbeiten, kommt es unweigerlich auch zu Konflikten. Die beste Kultur in einem Unternehmen kann nicht verhindern, dass manche Menschen sich nicht leiden können und auch nicht jeder Mitarbeiter die perfekte Mischung aus Qualifikation und sozialen Fähigkeiten hat. Konflikte können plötzlich auftreten oder aber langsam aufsteigen und dann plötzlich wie ein Vulkan hervorbrechen. In beiden Fällen wirst Du als Chef gefragt sein, denn Konflikte betreffen zum einen das Wohlergehen der Mitarbeiter, zum anderen aber auch den Betriebsfrieden. In beiden Fällen solltest Du eine kleine **Checkliste** abarbeiten, um zumindest erst einmal die Lage zu beruhigen und einen Überblick zu bekommen:

- Finde heraus, wer beteiligt ist

- Trenne die Personen räumlich

- Sprich einzeln mit ihnen

- Hole dann beide zu einem Gespräch

- Befrage andere Mitarbeiter über den Konflikt

- Versuche gemeinsam mit den Beteiligten (und eventuell einem weiteren neutralen Mitarbeiter) gemeinsam eine Lösung zu erarbeiten

Solltest Du aber gleich bei jeder Meinungsverschiedenheit eingreifen? Wann ist der Punkt gekommen, an dem Deine

Autorität gefragt ist? Die Grenzen sind da fließend. Annette Timm, selbst in einer Chefposition bei der **Firma Kanzlit**, hat im Laufe der Zeit ihre eigene Methode gefunden:[17]

> "Es gibt immer einmal Meinungsverschiedenheiten unter Kollegen, die nicht im besonnenen Ton ausgetragen werden. Jeder hat ein anderes Temperament und jeder hat einmal einen schlechten Tag. Freie Meinungsäußerung ist erwünscht. Ich denke nur, dass dabei ein paar Spielregeln beachtet werden sollten.
>
> Ich mische mich nicht ein, wenn ich den Eindruck habe, dass es ein Konflikt auf Augenhöhe ist. Auch bei fachlichen Auseinandersetzungen halte ich mich zurück. Jeder unserer Mitarbeiter ist konfliktfähig und kann seine Meinung, sei sie noch so exotisch, kundtun. Das sind aber auch nicht die Dispute, die das Betriebsklima belasten. Die sind von einer ganz anderen Qualität."

Kritisch wird es immer dann, wenn es sich um persönliche Angriffe handelt oder wenn es besonders laut wird. Dann ist Deine Präsenz nicht nur gefragt, sondern kann auch eine willkommene Ablenkung sein, die erst einmal zumindest den Streit unterbricht. Das Schlüsselwort heißt hier: Respekt. Man kann anderer Meinung sein, im Unrecht oder im

---

[17] Timm, A. (2015): So lösen Sie Konflikte im Team zwischen Mitarbeitern. URL:
https://www.impulse.de/management/personalfuehrung/konflikte-im-team/2152216.html [Stand: 10-01-2019]

Recht, aber Deine Mitarbeiter müssen sich immer gegenseitig respektieren. Und dieser Respekt muss natürlich sowohl Dir entgegengebracht werden als auch von Dir selbst gezeigt werden.

Bei einem Gespräch mit den Streitenden solltest Du versuchen zu einer Einigung zu kommen, bei der beide gewinnen können (Win-Win-Strategie). Das gelingt Dir am besten, wenn Du:

- die Interessen der Mitarbeiter kennst und gewichtest

- die Argumente weniger gewichtest als eine Lösung

- Lösungsoptionen entwickelst

- herausfindest, was die tiefer liegenden Ursachen sind

Bei Verstößen gegen die Regeln in Deinem Unternehmen, die durch einen Streit ausgelöst werden, wirst Du bereits Sanktionen formuliert haben. Diese sollten aber immer die letzte Möglichkeit sein. Nur wenn ein Mitarbeiter ständig in Konflikte verwickelt ist, wirst Du irgendwann auch den Mut aufbringen müssen, Dich von ihm oder ihr zu trennen.

11. Zusammenfassung

Wenn Du am Ende dieses Buches angelangt bist, solltest Du hoffentlich etwas mehr Vertrauen in Dich und Deine Fähigkeiten haben, Mitarbeiter zu führen. Die hier angesprochenen Methoden können Dir helfen, den Einstieg in die Mitarbeiterführung einfacher zu finden und auch von anderen zu lernen. Doch dieser Lernprozess hört nicht auf und dieses Buch hat auch nicht den Anspruch, Dir alles verfügbare Wissen zur Verfügung gestellt zu haben. Es wird immer neue Methoden geben, mit denen Mitarbeiter noch besser geführt werden, und was heute als besonders ausgefeilt gilt, kann morgen schon veraltet sein. Das liegt zu einem großen Teil auch daran, dass wir Menschen uns verändern, aber auch unsere Werte und die Art und Weise wie wir leben wollen. Home Office war lange Zeit kein Thema, heute ist das aber eine gern gewählt Option vor allem für Väter und Mütter.

Derzeit wird der Schwerpunkt deutlich auf das Führen gelegt und immer weniger auf reine Kontrolle, aber auch das kann sich ändern. Radikale Konzepte wie Holokratie schaffen den klassischen Chef komplett ab und setzen auf flache Hierarchien, bei denen die Mitarbeiter sich gegenseitig führen. Die Praxis zeigt, dass meistens der Mittelweg der Beste ist. Es wird immer wieder Situationen geben, in denen Entscheidungen nicht im Konsens gefunden werden. Und gerade als

Eigentümer hast Du auch das Recht, Deine eigenen Visionen zu entwickeln. Du wirst sie aber den Mitarbeitern so vermitteln müssen, dass sie Dir folgen, weil sie wollen, nicht weil sie müssen.

Die wichtigsten Punkte hier noch einmal als **Checkliste**:

- Mitarbeiterführung fängt bei der Einstellung der richtigen Mitarbeiter an

- Kenne und verstehe die Interessen Deiner Mitarbeiter

- Finde einen Führungsstil, der den Interessen Deiner Mitarbeiter gerecht wird

- Schaffe ein Wir-Gefühl

- Setze klare Regeln und kommuniziere sie so, dass sie auch verstanden werden

- Sei Dir bewusst, dass klare und deutliche Kommunikation wesentlich ist

- Sei da, wenn Deine Mitarbeiter Dich brauchen

- Entscheide dann, wenn Deine Mitarbeiter nicht entscheiden können

- Vermeide Kontrolle, Vertrauen ist besser

Viel Erfolg bei der Umsetzung!
Rafael Schulte

Quellenverzeichnis

Bundesamt für Sicherheit in der Informationstechnik (2019): IT-Grundschutz. URL: https://www.bsi.bund.de/DE/Themen/ITGrundschutz/ITGrundschutzDownloads/itgrundschutzDownloads_node.html [Stand: 02-02-2019]

Drucker, P. F. (1979): Adventures of a Bystander

Dumdum, U. R.; Lowe, K. B. & Avolio, B. J. (2002): A meta-analysis of transformational and transactional leadership correlates of effectiveness and satisfaction - An update and extension. In Avolio, B. & Yammarino, F. (Hrsg.): Transformational and charismatic leadership: The road ahead, S. 35-66, Amsterdam: JAI

Freakonomics Podcast (2019): Hacking the World Bank, Interview Jim Yong Kim, Episode 197

I. O. BUSINESS: Kompetenzfeld Personalinstrumente - Beurteilung des Erfolgs von Mitarbeitern (Checkliste zur Mitarbeiterbeurteilung). URL: https://unternehmensberatung.wolfgunther.de/wp-content/uploads/2010/06/08_09_28_Checkliste_Mitarbeiterbeur teilung.pdf [Stand: 18-11-2018]

Lieber, B. (2017): Personalführung, 1. Auflage, Stuttgart

Rottländer, I. (2017): Passt der Bewerber? Viele Arbeitgeber entscheiden nach Baufgefühl. URL: https://www.haufe.de/personal/hr-management/cultural-fit-im-recruiting/cultural-fit-viele-arbeitgeber-entscheiden-nach-bauchgefuehl_80_424784.html [Stand: 15-01-2019]

Timm, A. (2015): So lösen Sie Konflikte im Team zwischen Mitarbeitern. URL: https://www.impulse.de/management/personalfuehrung/konflikte-im-team/2152216.html [Stand: 10-01-2019]

von Rosenstiel, L. (2002): Mitarbeiterführung in Wirtschaft und Verwaltung - Anstöße zur Ermutigung, München, 3. Auflage

Wiedmann, S. (2006): Erfolgsfaktoren der Mitarbeiter-führung – Interdisziplinäres Metamodell zur strukturierten Anwendung einsatzfähiger Führungsinstrumente

WKO (2016): Erfolgsfaktor Mitarbeiterführung – Ein Leitfaden für Klein- und Kleinstbetriebe, WIFI Unternehmerservice der Wirtschafskammer Österreich, Wien

WKO (2018): Generationen-Balance im Unternehmen – Empfehlungen und Praxis-Tipps für eine alter(n)sgerechte Arbeitswelt in KMU, WIFI Unternehmerservice der Wirtschafskammer Österreich, Wien. URL: https://www.wko.at/service/unternehmensfuehrung-finanzierung-foerderungen/wifi_us_generationen_balance_1406.pdf [Stand: 22-11-2018]

Wood, J. (2018): 104 countries have laws that prevent women from working in some jobs. URL: https://www.weforum.org/agenda/2018/08/104-countries-have-laws-that-prevent-women-from-working-in-some-jobs/ [Stand: 04-01-2019]

Teams führen – aber richtig!

Mit Teamwork zu mehr Erfolg. Wie du Teams effizient führen kannst.

von Niels Davidek

Einführung

Die Führung von Teams wird immer gefragter, seit sich die Arbeitswelt verändert hat und Strukturen und Prozesse einem modernen Umfeld angepasst werden. Aber ein Teamleiter wird nicht geboren und fällt auch nicht vom Himmel. Nur wenige lernen in der Ausbildung, wie Teams geführt werden und wenn, dann meistens auch nur in der Theorie. Dabei kannst Du, als ein gut vorbereiteter und geschulter Teamleiter, Deine Mitarbeiter zu Höchstleistungen antreiben. Wer den Job aber ohne Vorkenntnisse übernimmt, kann schnell überfordert sein, was sich dann wiederum auch in der Performance des Teams zeigt.

Mit diesem Buch sollst Du einen Einblick bekommen, wie Teamführung funktioniert, was die Grundlagen sind und welche Herausforderungen es gibt. Du wirst einige Beispiele aus der Praxis kennenlernen und Tipps bekommen, wie Du Dich in kritischen Situationen verhalten kannst. Teamführung ist so komplex wie unsere heutige Umwelt und verlangt eine hohe Anpassungsfähigkeit, sowohl von der Teamleitung als auch von den Teammitgliedern.

Gerade in großen Unternehmen ist es üblich, dass weniger in spezifischen Abteilungen gedacht wird, sondern immer mehr Projekte im Rahmen von Teams abgewickelt werden. Diese Teams kommen und gehen, bestehen einige Wochen oder gar einige Monate. Heute kann fast jeder Mitarbeiter

in einem Unternehmen auch zum Teamleiter werden, und
wenn es Dich einmal trifft, dann ist es besser, zumindest in
einem gewissen Umfang vorbereitet zu sein. Teams zu führen ist eine spannende Aufgabe, darf aber nicht damit verwechselt werden, Mitarbeiter zu führen. Zwar gibt es Über-
schneidungen, was die Motivation und einige teaminternen
Prozesse angeht, aber Du bist als Teamleiter zum Beispiel
kein klassischer Vorgesetzter, der Weisungen verteilt.

In diesem Buch haben wir uns sehr an der praktischen Seite
der Teamführung orientiert. Nach einem kurzen Überblick
über Führung im Allgemeinen legen wir die Schwerpunkte
auf die Planungsphase- oder Vorbereitungsphase und die
Durchführungsphase. Ein besonderes Augenmerk haben wir
dabei auch auf die Führung von Remote Teams gelegt, d. h.
wenn die Teammitglieder nicht physisch an einem Ort sind.

Was ist ein Teamleader?

Ein Team zu führen ist heute wichtiger denn je, da Aufgaben in Unternehmen und Projekten zunehmend auf mehrere Schultern verteilt werden. Organisationsstrukturen werden horizontaler und damit verändert sich auch die Mitarbeiterführung und die Führung von Teams. Am meisten aber sind die Teamleiter und -führer betroffen.

Nach der klassischen Definition ist der Team- oder Gruppenleiter eine Person, die überwiegend organisatorische Aufgaben übernimmt, aber auch Entscheidungsbefugnis und Richtlinienkompetenz hat. Lange Zeit waren die Gruppenleiter vor allem Vorgesetzte, die sich selbst über diese Rolle definierten. Sie formulierten Ziele und verteilten Aufgaben an die Mitarbeiter. Doch diese Führung über die Rolle ist nicht mehr zeitgemäß. Ein guter Teamleiter muss heute zum einen das Ziel des Projekts im Auge haben, zum anderen aber insbesondere möglich machen, dass sein Team dieses Ziel auch erreicht. Als Teamleiter ist Dein Job heutzutage vor allem, das Team glücklich zu machen. Zu den Hauptaufgaben des Teamleiters zählen daher:

- Festlegen von Zielen für das Team; gemeinsam mit dem Team und den in der Hierarchie übergeordneten Strukturen

- Kommunikation der Ziele und Prüfung des Erreichten

- Planung der Aufgabenerledigung und Delegieren von Aufgaben

- „Teambildung": das Formen des Teams als effektiv und effizient zusammenarbeitende Gemeinschaft

- Motivation der Mitarbeiter

- Umgang mit Konflikten

- Leitung von Teambesprechungen

- Vertretung der Interessen des Teams innerhalb der Organisation

- Mentoring

Kompetenzen und Fähigkeiten eines Teamleaders

Um ein Team zu führen braucht es nicht nur Kenntnisse in Menschenführung und Organisation, sondern auch menschliche und persönliche Fähigkeiten, die sich in den sogenannten Soft Skills darstellen. Um ein Team gut führen zu können, brauchst Du daher insbesondere die nachfolgenden Fähigkeiten.

Gute Kommunikation und soziales Verhalten

Sich verständlich zu machen und andere zu verstehen ist eine der wichtigsten Eigenschaften, die man mitbringen muss, wenn man mit anderen Menschen zusammenarbeitet. Dabei ist es erst einmal gleich, ob Du im Team mitarbeitest oder es führst. Die Basis einer guten Kommunikation ist das gegenseitige Verständnis. Dazu gehört auch Dein Verhalten in der Gruppe und gegenüber der Gruppe. Wer aggressiv ist, bestimmend und autoritär, wird nicht weit kommen.

Eigener Antrieb und Motivation

Wenn Du ein Team leitest, weil Dein Boss es so bestimmt hast, wird sich das schnell auf die Stimmung und Leistung auswirken. Gute Teamleiter sind hochmotiviert (aber nicht übermotiviert) und haben einen starken eigenen Antrieb. In Deinem Handeln machst Du deutlich, dass Du das Team und das Projekt voranbringen willst und Dich dementsprechend mit allen Kräften dafür einsetzt.

Verlässlichkeit, Gewissenhaftigkeit und Beharrlichkeit

Was nach alten Tugenden klingt hat auch heute noch seine Berechtigung. Ein Team muss sich auf seinen Leiter verlassen können, und es muss ebenso von ihm oder ihr erwarten können, dass diese Person gewissenhaft arbeitet und sich auch nicht einfach von einem Vorhaben abbringen lässt. Dabei sind aber die Grenzen oftmals auch fließend: Du solltest bei aller Gewissenhaftigkeit nicht zu einem Ordnungsfanatiker werden, und Beharrlichkeit sollte Dich auch nicht zu einem Sturkopf werden lassen.

Fähigkeit, andere zu motivieren

Viele Beispiele, wie man Teams motiviert, kommen aus dem Sport, weil man dort zuerst als Gruppe arbeitete, aber auch weil der Trainer während des Spiels kaum Einfluss hat. Deswegen muss man Teams so vorbereiten, dass sie im Spiel von selbst funktionieren. Eine große Rolle spielt dabei die Motivation: Man sieht immer wieder im Sport, dass große Trainerpersönlichkeiten Spieler motivieren können, oft auch um über ihre eigenen Fähigkeiten hinauszuwachsen. Dabei ist es weniger entscheidend, wie Du motivierst – das ist auch eine Frage Deiner Persönlichkeit und Deines Charakters – sondern vor allem, dass Du Dein Team motivieren kannst.

Innovativ und visionär

Diese beiden Eigenschaften klingen nicht nur schwergewichtig, sie sind es auch. Wer in der Lage ist, Probleme auch mit neuen Ideen anzugehen, aber auch sich selbst immer wieder neu zu erfinden, wird im Team Respekt und Anerkennung erfahren. Wenn Du in der Lage bist, Deine Vision des Projekts zu vermitteln, über den Tellerrand zu blicken und auch in die Zukunft zu denken, werden Deine Teammitglieder Dir nur allzu gerne folgen.

Ehrlichkeit

Es ist eigentlich eine Selbstverständlichkeit, dass man ehrlich sein soll, aber gerade in Teams ist das besonders wichtig. Die Arbeit in Teams beruht zu einem großen Teil auf Vertrauen, sowohl untereinander als auch Dir als Leiter gegenüber. Und die Basis für Vertrauen ist nun einmal, ehrlich zu sein. Dazu gehört auch, dass Du Dir selbst gegenüber ehrlich bist, zum Beispiel wenn es darum geht, Fehler einzugestehen.

Selbstvertrauen und Risikobereitschaft

Du solltest als Teamleiter genügend Vertrauen in Dich selbst haben, um diese Aufgabe zu meistern. Es geht nicht so sehr darum, Schwächen nicht zu zeigen, sondern darum, dass Du Dir selbst vertraust, dass Du das Team führen kannst und auch die notwendigen Fähigkeiten mitbringst. Wenn Du Dir selbst vertraust, wirst Du auch in der Lage sein, Risiken einzugehen und Herausforderungen anzunehmen, die jedes Team und jedes Projekt mit sich bringen. Gerade in der Problemlösung sind diese Fähigkeiten besonders wichtig.

Vertrauen schaffen

Zu den wichtigsten Softskills gehört es Vertrauen zu schaffen. Ein Team wird Dir nicht vertrauen, nur weil Dich jemand zum Leiter gemacht hat. Es reichen auch nicht ausschließlich Deine Erfahrung und Deine Kompetenzen, sondern es sind auch die weichen Faktoren, wie Ehrlichkeit und Empathie, die eine vertrauenswürdige Person ausmachen. Dabei wirst Du aber auch Grenzen ziehen müssen, denn es kann passieren, dass Vertrauen ausgenutzt wird. Gerade als Teamleiter in großen Teams können Freundschaften manchmal zu einem Problem werden – können ein Team andererseits aber auch schneller voranbringen.

Intelligenz

Mit diesem Begriff ist nicht gemeint, wie schlau Du bist oder welchen IQ Du hast, sondern dass Du in der Lage bist, intelligent zu handeln. Das beinhaltet zu wissen, wann Du emotional werden musst, damit Du in der Lage bist, Probleme aus verschiedenen Blickwinkeln zu betrachten, und komplexe Zusammenhänge verstehen und analysieren kannst.

Deine Firma oder Organisation gut kennen

Wenn Du in einem großen Unternehmen arbeitest oder Dein Projekt Teil einer großen Organisation ist, wirst Du als Teamleiter das Team auch immer wieder nach außen vertreten müssen, dazu ist es wichtig, dass Du die Firma, ihre Strukturen und ihre Innenpolitik kennst. Gerade als Teamleiter (oder auch Projektmanager) wirst Du mit Stakeholdern zusammenarbeiten, von denen Du besser vorher weißt, welche Positionen sie haben und welche Interessen sie verfolgen.

Interesse an anderen Menschen haben

Teamfähigkeit heißt nicht nur eine Rolle in einem Team ausführen zu können, sondern auch in der Lage zu sein, mit den anderen Menschen eine Einheit zu bilden. Du wirst Dein Team nur verstehen können, wenn Du auch wirklich an den Menschen, die das Team bilden, interessiert bist. Dein EQ, der emotionale Quotient, spielt dabei eine große Rolle: Bist Du in der Lage, die Emotionen der anderen zu verstehen? Das wirst Du nur können, wenn Du auch Interesse an ihnen hast.

Teamplayer

Die erfolgreichsten Musikgruppen sind immer diejenigen gewesen, die aus echten Teamplayern bestanden, ganz gleich ob es einen bekannten Sänger gab. Die Rolling Stones sind ein Beispiel dafür, dass man in der Lage sein muss, zusammenarbeiten zu können. Eine Persönlichkeit wie Mick Jagger muss in der Lage sein, mit den anderen zusammenarbeiten zu können, gerade auch weil diese selbst starke Persönlichkeiten sind. In Deinem Team wirst Du selbst auch Aufgaben übernehmen müssen, die nichts mit Deiner Rolle als Leiter zu tun haben. Je mehr Spaß Du dabei hast in einem Team zu arbeiten, umso mehr wird sich das auch auf die Stimmung und die Leistung auswirken.

Ständig wechselndes Umfeld

Für die Arbeit von Teams, und damit auch für die Leiter von Teams, hat sich die Umgebung in den vergangenen Jahren erheblich verändert. Hat es bislang nur einige wenige Industrien gegeben, in denen grenzen- und kulturübergreifend gearbeitet wurde, so ist das heute immer mehr die Regel.

Hinzu kommt, dass es stets neue Techniken und Theorien darüber gibt, wie Teams am besten arbeiten können. In der Softwareindustrie hat sich das Agile Development durchgesetzt, bei dem die Produkte in Iterationen entwickelt werden. Teams werden dort zum Beispiel nach den Scrum-Regeln zusammengesetzt, und ein Teamleiter wird nur bestehen können, wenn er mit diesem vertraut ist oder sogar selbst eine Ausbildung zum Scrum-Master oder Product-Owner gemacht hat.

In anderen Unternehmen werden Hierarchien abgebaut, einige führen sogar Holokratie ein, in der es gar keine Führungsebene mehr gibt. Ein Team in solchen Umgebungen zu führen, bedeutet nicht nur eine Neuorientierung von gelernten Methoden, sondern auch ein neues Grundverständnis in der Organisation von Arbeit und Mitarbeitern.

In einem gesonderten Bereich wird noch umfassender auf sogenannte Remote Teams eingegangen werden, an dieser Stelle sei nur vorab erwähnt, dass globale Teams schon allein wegen der verschiedenen Zeitzonen eine alternative Arbeitsweise und auch neue Werkzeuge, wie das Kommunikationstool Slack oder dessen neuer Herausforderer Twist, erfordern. Wenn die Mitarbeiter eines Teams, zum Beispiel weil sie freiberufliche Designer oder Programmierer sind, auf der ganzen Welt verteilt sind, wird es eine Menge Disziplin brauchen, um alle Beteiligten immer gleichzeitig informiert und synchronisiert zu halten.

Schließlich bringt die Globalisierung auch kulturelle Herausforderungen mit sich. Immer mehr Teams, vor allem in großen Unternehmen und in Technologie-Startups, haben Mitarbeiter aus verschiedenen Kulturkreisen und verschiedenen Ethnien. Es reicht aber manchmal auch schon, nur Mitarbeiter aus anderen Ländern zu haben. Amerikaner haben eine andere Arbeitsweise als Briten, Italiener verstehen Probleme anders als Australier. Als Teamleiter wirst Du Dir kulturelle Kompetenzen aufbauen müssen. Zu diesen gehört zum Beispiel, andere Kulturen und Sichtweisen akzeptieren zu können. Das klassische Beispiel ist, wenn jemand Ja sagt. In Deutschland ist ein Ja, ein klares Ja. In einigen asiatischen Kulturen wird aber Ja gesagt, weil Nein unhöflich wäre. Außerdem gibt es verschiedene Formen von Ja, welche beispielsweise manchmal nur das Gesagte anerkennen, aber bei den meist in Englisch geführten Konversationen schnell als Bestätigung des Gesagten verstanden werden. Wenn Du als Teamleiter z.B. bei einem Geschäftsessen den Teller leer isst, kann das in China als unhöflich verstanden werden – denn dort bedeutet das, dass es nicht genug zu essen gegeben hat.

Wie Teams funktionieren

Um ein Team leiten zu können, solltest Du auch wissen, wie ein Team grundsätzlich funktioniert. In einem Team gibt es meisten drei Rollen, die ausgefüllt werden müssen: **Technische Aufgaben, funktionale Aufgaben und solche, die das Team an sich betreffen**. Die erste Rolle bedeutet, dass man sich eine Aufgabe nimmt und diese auch ausführt. Die funktionalen Rollen bedeuten, dass mit diesen das Team an sich besser funktioniert und die letzte Rolle betrifft die Teamfähigkeit des Einzelnen.

Zu wissen, welche **Rollen die Mitglieder eines Teams** jeweils einnehmen – und das können alle Rollen gleichzeitig sein – ist wichtig, um Motivationen und Funktionen zu verstehen. Als Teamleiter wird man oft genug vom Tagesgeschäft abgelenkt und konzentriert sich zu sehr auf die Projektaufgaben, statt sich mit dem Team selbst zu beschäftigen. Das ist umso mehr der Fall, wenn Du als Teamleiter selbst auch Tasks übernimmst.

Man kann Teams auch darin unterscheiden, welche Aufgaben sie haben.[18] Dabei wird zwischen dem **funktionalen Team, dem Matrix Team und dem Vertragsteam** unterschieden. Das funktionale Team besteht im Wesentlichen aus Mitgliedern mit bestimmten, ähnlichen Spezialaufgaben. Oftmals arbeiten diese Teams dann anderen zu. Das Matrix Team hingegen besteht aus Mitgliedern, die auch noch in

---

[18] The Open University; Hall, W.; Keynes, M. (2016): How teams work, S. 7 f.

anderen Teams Aufgaben haben und meistens auch noch einen Hauptjob. Unter einem Vertrags Team versteht man meistens Teams, die von außen ins Projekt oder Unternehmen gebracht werden.

Andere Teamformen sind noch solche, die dauerhaft eingerichtet werden, wie zum Beispiel das Verkaufsteam bei einem Autohändler und selbstorganisierende Teams, die sich spontan und oftmals auch inoffiziell zusammenfinden (zum Beispiel um die Firmenfeier zu organisieren, aber auch um sich in einem Unternehmen abteilungsübergreifend zu informieren und auszutauschen).

Neben den Rollen ist auch die **Gruppendynamik** ausschlaggebend in jedem Team. Selbst wenn man bestimmte Aufgaben hat und Du zum Beispiel der Teamleiter bist, wird jedes Team in einem gewissen Ausmaß die klassischen Phasen der Gruppendynamik[19] durchlaufen.

In der **ersten Phase** orientieren sich die Teammitglieder, versuchen sich gegenseitig einzuschätzen und suchen eine Rolle innerhalb der Gruppenhierarchie. Vereinfacht gesagt, teilen sie sich in dominante und weniger dominante Mitglieder auf. In der **zweiten Phase**, oft auch die **Storming Phase** genannt, bemerken die Mitglieder die Unterschiede und sprechen diese auch oftmals offen an. Hier kommt es auch zu ersten Versuchen, einen Teamleiter herauszufordern.

---

[19] Huffington Post (2016): Die 5 Phasen der Gruppendynamik. URL: https://www.huffingtonpost.de/thorsten-boschs-insider/die-5-phasen-der-gruppendynamik_b_8970606.html [Stand: 14-09-2018]

In der **dritten Phase**, der Normierungsphase, werden die Teams versuchen, sich auf gemeinsame Regeln und Normen zu verständigen. Das ist eine wichtige Phase, weil sich dabei auch die Kultur innerhalb einer Gruppe bildet.

In der **vierten Phase**, der Durchführungsphase, arbeiten die Mitglieder eines Teams basierend auf den vorher aufgestellten Regeln zusammen und führen die gestellten Aufgaben entsprechend ihrer jeweiligen Rollen auch aus.

Die **fünfte Phase** beschreibt die Auflösung einer Gruppe oder eines Teams. Mit ihr brechen Bindungen wieder auf, und damit einhergehend auch die kulturelle Identität. Das ist für Dich als Teamleiter auch deshalb wichtig zu wissen, weil es ja sein kann, dass viele der Teammitglieder in einem neuen Team zusammenarbeiten werden. Das bedeutet aber nicht, dass sie auch die Kultur des alten Teams mitnehmen.

Diese Dynamik gibt es bei allen Gruppen, die neu zusammengestellt werden, und es macht dabei auch keinen Unterschied, ob die Mitglieder bereits gewohnt sind in Teams zu arbeiten. Größere Erfahrungswerte werden die Prozesse nicht vollkommen abschaffen, allerdings kann es die Ausprägung bestimmter Phasen – vor allem die der Storming Phase – etwas abmildern.

Teams führen

Wenn Du vor der Aufgabe stehst, zum ersten Mal ein Team führen zu müssen, dann solltest Du Dir bewusst sein, dass es zwei wichtige Phasen gibt: In der ersten Phase stellst Du das Team zusammen und schaffst die Voraussetzungen dafür, dass es gut und erfolgreich arbeiten kann. In der zweiten Phase hilfst Du dem Team bei der Umsetzung der Ziele. Beide Phasen bauen aufeinander auf und können nicht voneinander getrennt werden. Deswegen solltest Du Dir auf jeden Fall die notwendige Zeit nehmen, gerade die erste Phase auch ordentlich durchzuführen.

Vorbereitung

In der Vorbereitungsphase legst Du die Grundlagen für Dein Team. Fehler, die Du hier machst, werden später schwer zu korrigieren sein. Je besser die Vorbereitung, umso besser wird das Team zusammenarbeiten können und das Projekt zum Erfolg führen.

Die hier aufgelisteten Schritte musst Du nicht zwingend in dieser Reihenfolge abarbeiten, aber Du solltest sie alle ernst nehmen.

Das richtige Team zusammenstellen

Ein Team steht und fällt mit seinen Mitgliedern. Einer der wesentlichen Gründe, warum Startups scheitern ist, dass die Mischung nicht stimmt und die Mitarbeiter nicht harmonieren.

Wenn man den Einfluss bedenkt, den die Zusammenstellung eines Teams auf seine Performance hat, dann ist diese Aufgabe wohl die wichtigste in der Vorbereitungsphase. Als Teamleiter wirst Du hier die besten und vor allem die richtigen Leute aussuchen, die in der Lage sind, das geforderte Ergebnis zu bringen. Du wirst aber auch in die Zukunft schauen müssen und überlegen, wie Dein Team wachsen kann und sich einer verändernden Umgebung anpassen kann.[20]

Aber auch für kleinere Projekte gibt es bestimmte Erfolgsrezepte, was die Zusammenstellung des Teams betrifft.

Wenn Du ein Team von Grund auf neu aufstellen sollst, dann wirst Du als erstes natürlich nach den Fähigkeiten der Mitarbeiter schauen, die in Frage kommen. In einem Softwareprojekt sind das meistens Entwickler, die eine bestimmte Programmiersprachen kennen oder Designer, die sich auf Apps spezialisiert haben. Gerade in den USA ver-

---

[20] Morgeson, F. P.; DeRue, D. S.; Karam, E. P. (2009): Leadership in Teams: A Functional Approach to Understanding Leadership Structures and Processes: Journal of Management. URL: https://doi.org/10.1177/0149206309347376 [Stand: 30-09-2018]

sucht man immer die Besten der Besten einzustellen, weil man dort sehr leistungsorientiert arbeitet. Das ist aber auch einer der Gründe für das Scheitern vieler Teams. Es braucht weit mehr als nur hervorragende Kenntnisse in seinem Fachgebiet. Bei der Auswahl solltest Du auch auf folgende Kriterien achten:

- Fachwissen

- Erfahrung

- Werte

- Teamfähigkeit

- Diversität

- Motivation

- Aktuelle Position

Beim **Fachwissen** wirst Du insbesondere auch einen Blick darauf legen, wie aktuell das Wissen ist. In den meisten Industrien ändern sich Prozesse heute so schnell, dass es schwierig sein kann, mitzuhalten. Ein Programmierer, der Apps entwickelt und sich mit Swift schwertut, wird im Team Probleme haben.

Erfahrung ist immer wichtig, kann ein Team aber auch bremsen. Schaue hier weniger auf die Erfahrung mit dem Wesen des Projekts, als darauf, in welchen Teams ein Bewerber bislang gearbeitet hat und welche Art von Projekten das war.

Die **Werte** bestimmen die Kultur eines Teams und sind deshalb enorm wichtig für die Zusammenarbeit. Sie sollten den Werten der einzelnen Teammitglieder nicht widersprechen. In dieser Phase geht es aber erst einmal darum herauszufinden, welche Werte die einzelnen Mitglieder haben: sehen sie die Aufgabe als Karrieremöglichkeit, wollen sie unbedingt vorankommen, sind sie hilfsbereit, was ist wichtig für sie in ihrem Leben, welche Ziele haben sie, worauf könnten sie niemals verzichten.

Bei der **Teamfähigkeit** wirst Du Dich vor allem darauf verlassen müssen, was die einzelnen Kandidaten zuvor gemacht haben, weil Du das in der Regel schlecht testen kannst. Es ist aber eine unausweichliche Voraussetzung: Du kannst in Auswahlgesprächen zum Beispiel erfragen, ob jemand seine Tasks lieber allein abarbeitet und dann die Ergebnisse in der Gruppe bespricht, oder diese gerne zusammen mit anderen erledigt. Sollte Software entwickelt werden, ist die Bereitschaft zum Pair-Programming ein guter Indikator, wie teamfähig Kandidaten sind. Bei kreativen Aufgaben kannst Du testen, wie weit jemand seine eigene Idee verteidigt oder bereit ist, auch vorgelegte Ideen zu akzeptieren.

Diversität ist keine politische Vorgabe, sondern ein wichtiges Element in der Funktionsweise von Teams. Es geht dabei weniger um bestimmte Quoten, oder darum, dass man um jeden Preis alle Kulturkreise abdecken muss. Vielmehr solltest Du darauf achten, dass es eine möglichst große Bandbreite an verschiedenen Hintergründen gibt. Denn das bringt immer auch neue und andere Sichtweisen mit sich. Ein homogenes Team wird sich schwerer tun, neue Ideen und Problemlösungen zu finden, als eines, das verschiedene Hintergründe aufweist. Diversität kann sich in der Anzahl von Frauen und Männern, verschiedenen kulturellen Hintergründen, unterschiedlichen Altersgruppen, aber auch anhand von verschiedenen beruflichen Erfahrungen ausdrücken.

Wenn Du mit Kandidaten sprichst, die für Dein Team in Frage kommen könnten, dann solltest Du sie auch danach fragen, welche **Motivation** sie haben, hier mitzuarbeiten. Warum wollen sie Teil des Teams sein? Wollen sie neue Erfahrungen sammeln? Wollen Sie Karriere machen? Sind sie am Projekt an sich interessiert? Freuen sie sich auf die neue Aufgabe? Aus den Antworten kannst Du ein wenig ableiten, wie motiviert ein Teammitglied sein wird. Denke aber daran, dass sich Motivation auch immer ändern kann: Wenn jemand qualifiziert erscheint und nur die Motivation noch zu wünschen übriglässt, dann kann ein guter Teamleader diesen durchaus noch antreiben und unterstützen.

Schließlich solltest Du Kandidaten fragen, welche **aktuelle Position** sie haben. Wer bislang große Teams geleitet hat, wird sich schwertun, in einem kleinen Team wieder nur ein Rad im Getriebe zu sein. Andere Kandidaten werden vielleicht nur Verantwortung für kleine Aufgaben gehabt haben und Probleme darin sehen, ihre Ideen in ein Team einzubringen. Auch hier wirst Du aber einschätzen müssen, welches Potenzial vorhanden ist. Mancher Scrum-Master freut sich auch darauf, mal wieder nur programmieren zu dürfen, und einige junge Talente wiederum brennen darauf, mehr als bislang machen zu dürfen.

Verstehe diese Kriterien aber nicht als eine Checkliste, die Du abarbeiten musst. Wichtiger ist immer der Gesamteindruck: es gibt kein perfektes Teammitglied. Stattdessen wirst Du versuchen müssen, diejenigen zu finden, die am besten passen und sich auch ergänzen können. Denn ein Team soll und muss auch aus sich herauswachsen können, und das geht nur, wenn es auch innerhalb das Potenzial dazu hat, dass man voneinander lernen kann.

Wie soll das Team arbeiten?

Wenn Du Dein Team zusammenstellst, solltest Du Dir auch überlegen, wie es überhaupt arbeiten soll.

Die erste Entscheidung wird sein, welche Strukturen es geben soll. Ist das Team hierarchisch aufgebaut, und Aufgaben werden von oben nach unten verteilt, die Ergebnisse dann nach oben berichtet? Oder gibt es eine horizontale Struktur, in der Rollen nach Fähigkeiten vergeben werden und Entscheidungen im Konsens gefällt werden? Wirst Du ein klassisches Projektmanagement einsetzen oder aber moderne Methoden, wie Scrum oder andere agile Umgebungen? Auch bei den Rollen wirst Du Dich entscheiden müssen, wie diese auch umgesetzt werden, als erstes natürlich Deine eigene Rolle als Teamleiter.

Es setzt sich zunehmend durch, dass Teams am besten funktionieren, wenn sie so **viele Informationen wie möglich haben** und Entscheidungen gemeinsam treffen. Beispiele dafür gibt es in vielen Bereichen: So hat eine Studie gezeigt, dass die Straßen in einem Staat in den USA im Winter am besten geräumt wurden, wenn die Räumteams zusammen die Aufgaben planten und zum Beispiel Schichtpläne vorbereiteten[21]. Noch deutlicher wird dies übrigens in der Arbeitsweise von Trauma-Teams in der Notaufnahme. Wird heute ein Patient eingeliefert, der schwer verletzt ist, wird

---

[21] Hiller, N. J.; Day, D. V.; Vance, R. J. (2006): Collective enactment of leadership roles and team effectiveness: A field study: Leadership Quarterly, S.387-397

ein Team gebildet, in dem es zwar verschiedene Rollen gibt, dem Einzelnen aber immer alle Informationen zur Verfügung stehen, ganz gleich welche Rolle er einnimmt (allerdings gibt es hier eine Person, welche die Entscheidungen treffen muss, weil keine Zeit für lange Diskussionen ist).

Versuche die Methode dem Team anzupassen, nicht Deinen eigenen Vorlieben. Wenn Du vorher mit Scrum gearbeitet hast, das Team sich aber besser mit Extreme Programming auskennt, dann folge dem Team. Die beste Methode ist immer die, mit der Du am ehesten das Projekt erfolgreich abschließen kannst.

Wann Du die Strukturen festlegst, hängt ein wenig vom Umfeld ab, in dem Du Dich befindest, und auch vom Team, welches Du zusammengestellt hast. Viele Unternehmen haben bereits etablierte Strukturen und Methoden, um Projekte zu verwalten, und schreiben diese auch für alle Projekte vor. Andererseits wird es schwierig werden, ein Team, das bisher agile Umgebungen gewohnt war, in ein Wasserfallprojekt zu zwängen. Am besten ist es, wenn Du eine **Methode basierend auf Umgebung und Team auswählst,** sie aber dann nochmals mit dem Team besprichst und eventuell an dessen Bedürfnisse anpasst.

Du solltest aber auf jeden Fall eine **Methode festlegen, die alle Teammitglieder auch verstehen** und nachvollziehen können. Sie wird das Regelwerk der Teamarbeit werden und die täglichen Aufgaben bestimmen. Die Auswahl ist dabei groß und manchmal fließen Methoden auch ineinander, wie zum Beispiel bei Scrumban, einer Verbindung aus Scrum und Kanban. Mit den Methoden kommen auch die Regeln, die Du festlegen musst. Dieser Schritt kann zusammen mit dem Team gemacht werden, wenn vor dem Projektbeginn in der Planungsphase genügend Zeit bleibt. Manchmal werden die Regeln aber auch von der jeweiligen Methode vorgegeben.

Im nächsten Schritt geht es um die **Rollen, die jeder im Team** haben wird. Bei Methoden wie Scrum oder dem klassischen Projektmanagement sind bestimmte Rollen wie Product Owner und Projektmanager festgelegt und müssen besetzt werden. Beim Beispiel des Trauma-Teams sind diese Rollen zum Beispiel durch die Spezialkenntnisse definiert: Es braucht einen Radiologen, Notfallpfleger, Internisten, Anästhesisten und Kardiologen. Wenn es darum geht, ein Team der Straßenreinigung zu führen, gibt es zwar auch bestimmte Rollen (Fahrer, Beifahrer, Disponent, Lagerist), diese können aber meistens von allen Mitarbeiter ausgefüllt werden und rotieren deshalb oftmals. Auf jeden Fall aber wirst Du die Rollen definieren müssen und auch, was sie bedeuten: Was muss der Fahrer machen und was ist Aufgabe des Beifahrers, was muss der Pfleger in der Notaufnahme machen und was ist Job des Radiologen?

Es wird darüber hinaus auch Rollen geben, die die Arbeit des Teams insgesamt betreffen. So wird es eine Person brauchen, die bei Meetings die Notizen macht und entsprechend für die Teammitglieder aufarbeitet. Das muss keine bestimmte Person sein, sondern kann rotieren, aber die Rolle muss auf jeden Fall ausgeführt werden, und es liegt an Dir als Teamleiter darauf zu achten.

Sowohl die **Methode als auch die Rollen werden dann festgeschrieben**, sodass sie jeder verstehen und auch jederzeit einsehen kann. Sie bilden das Fundament der Arbeit des Teams. Du wirst es als eine Aufgabe sehen, die Implementierung dieses Arbeitsplans zu überwachen und sicherzustellen, dass er einen reibungslosen Arbeitsablauf gewährt.

Führen ohne Hierarchie

Zunehmend wird der Begriff der **fluiden Führung** verwendet, der besagt, dass Führung nicht mehr einer Person zugeschrieben wird, sondern im Prozess verankert ist. Besonders sichtbar wird das bei agilen Methoden, aber auch bei Unternehmensorganisationen wie in der Holokratie, wo der klassische Chef komplett abgeschafft wurde.

Hintergrund dieser neuen Führungsansätze ist, dass die **Führung von oben nicht mehr mit einer hochrangig vernetzten Interaktion und einem komplexen Umfeld mithalten** kann. Der Unternehmensberater Thomas Schleiken benennt das Problem im Magazin Manager Seminare wie folgt[22]: „Strukturelle Macht verführt dazu, sich gedanklich zurückzulehnen – und zwar diejenigen, die sienicht haben." Und weiter: „Ob sich der Machthaber nun Häuptling, Clanführer oder Vorgesetzter nennt – sich seine Sympathie zu sichern, war schon immer essentiell." Wenn Mitarbeiter aber damit beschäftigt sind, dem Chef zu gefallen, können sie die Arbeit nicht machen, für die sie eigentlich eingestellt wurden. Kann aber eine Abschaffung der Hierarchie dabei helfen? Experten sagen, dass es zumindest alternative Machtmodelle geben muss, damit kein Vakuum entstehen. Eine davon ist die **Informationsmacht**: Wer viele Informationen hat, darf mehr entscheiden als jemand, der nicht viel weiß. Was politisch kaum möglich wäre, ist in einem Team

---

22 Martens, A. (2015): Macht in Bewegung: Führen ohne Hierarchie: ManagerSeminare, Heft 207

aber durchaus sinnvoll: Wer sich mit der Lagerhaltung gut auskennt, kann bessere Entscheidungen treffen als ein Teamleiter, der das Lager nur aus seinen Tabellen am Computer kennt.

Eine andere, etwas unterschwellige Form ist die **Identifikationsmacht**, bei der es darum geht, dass man jenen folgt, die ein Gefühl der Gemeinschaft vermitteln können. Das erinnert wieder an die Rolle des Managers im Sport, und für Dich als Teamleiter ist das eine Machtform, die Du anstreben solltest, in welchen Strukturen auch immer das Projekt abläuft. Wenn Du in der Lage bist, Deine Mitarbeiter zu begeistern, dann werden sie Dir einfacher folgen. Natürlich geht das nicht, ohne dass Du auch Kompetenz hast.

Schließlich gibt es noch die **Expertenwissensmacht**, die ein Problem für Teams darstellen kann: Denn Du wirst zwar die Experten brauchen, um Probleme und Aufgaben zu lösen, aber das sollten diese nicht ausnutzen, um sich eine Machtposition aufzubauen. Wenn zum Beispiel eine neue Lagersoftware eingeführt werden soll, dann wirst Du als Teamleiter im Einkauf auch ein Wort mitzureden haben, und der Lagerist wird zwar sein Lager kennen, ist aber kein Softwareexperte.

Du wirst diese Themenkreis-Methode dann anwenden können, wenn es um größere Teams geht. Dabei wirst Du verstehen müssen, dass die **Verantwortungsgrade** nicht als
Rang zu verstehen sind, wie ein Offizier beim Militär, sondern vor allen die Fachkompetenz ausdrücken sollen. In
einem kleinen Team wird das automatisch so kommen, dass
Mitglieder sich auch über ihren eigentlichen Fachbereich
hinaus einbringen wollen und sollen.

Keine Hierarchien bedeutet aber eben nicht, dass es keine
Führung gibt. Sie wird nur von einer Person losgelöst und
den Aufgaben zugeordnet. Nur selten wird das in einer solchen reinen Form passieren. Selbst wenn Du in einem Unternehmen ein Team ohne Hierarchien organisierst, wirst Du
innerhalb der Organisation noch in klassischen Strukturen
eingebunden sein. Und selbst bei kleineren Firmen gibt es

gesetzliche Vorgaben, zum Beispiel dass es einen Geschäftsführer geben muss.

Deine **Führungsaufgaben als Teamleiter in einer flachen
Organisationsstruktur** werden dann eher darin liegen, die
Dynamik zu überwachen und das geeignete Umfeld zu bie-
ten, in dem ein solches Team sich auch entfalten kann.

Entscheidungsprozess

Ein Prozess, der recht früh festgelegt werden muss ist, wie
Entscheidungen getroffen werden. Diese werde immer
wieder anstehen:

- Jemand will oder muss das Team verlassen, wer
  übernimmt die Arbeit, bis ein entsprechender Ersatz gefunden ist?

- Die Finanzen laufen aus dem Ruder, wo kann gespart werden?

- Welche Aufgaben sollen zuerst abgearbeitet werden?

Grundsätzlich gibt es vier Wege, Entscheidungen zu treffen:

- Autokratisch

- Mehrheitsentscheidung

- Mehrheitsentscheidung mit Minderheitsvotum

- Konsens

Die **autokratische Entscheidung** wird heute kaum noch in Teams angewandt, zumindest nicht als Standardlösung. Als Teamleiter brauchst Du aber zumindest die Kompetenz, zum Beispiel ein Teammitglied aus dem Team entfernen zu können, wenn das absolut notwendig ist.

Sehr verbreitet, aber langfristig nicht besonders wirksam, sind **Mehrheitsentscheidungen**. Sie geben das falsche Gefühl, dass man sicher ist, weil die Mehrheit ja für oder gegen einen Vorschlag gestimmt hat. Allerdings ist das bei einem Team von 20 Mitgliedern, von denen 12 in eine Richtung entscheiden, nicht wirklich viel und lässt vor allem acht Mitarbeiter oftmals frustriert zurück. Dennoch kann das angewendet werden, wenn ein Problem schnell entschieden werden muss und Du die Entscheidung nicht ganz allein treffen willst. In so einem Fall kannst Du auch noch ein **Minderheitsvotum** hinzufügen, was vor allem dann gemacht wird, wenn man sich zum Beispiel rechtlich absichern muss. Es hat aber vor allem einen psychologischen Vorteil: Der Minderheit wird damit eine Stimme gegeben, sie hat das Gefühl gehört zu werden statt einfach von der Mehrheit unterdrückt zu werden.

Die beste Lösung, ist immer der **Konsens**. Dieser ist übrigens nicht mit einem Kompromiss zu verwechseln. Der **Kompromiss ist meistens der kleinste gemeinsame Nenner**, auf den sich alle einigen können – und der fast allen das Gefühl gibt, das Ziel nicht erreicht zu haben. Beim Konsens hingegen wird eine Lösung gefunden, die oftmals grundverschieden von den ursprünglichen Meinungen und Vorschlägen ist, dabei aber alle an Bord bekommt. Der Konsensprozess kann lange dauern und braucht einige Voraussetzungen[23]:

- In der Lage sein, zu akzeptieren, dass eine Zurückweisung der eigenen Ideen und Vorschläge keine Zurückweisung Deiner Person ist und auch nicht Deine Stellung innerhalb der Gruppe beeinflusst.

- Willens sein, in der Diskussion mit anderen nicht Recht zu haben, sondern Gemeinsamkeiten zu finden.

- Sicherstellen, dass jene, die nicht einer Meinung sind, dennoch die Chance haben gehört zu werden.

- Es möglich machen, dass jeder das Recht und die Chance hat, über Gegenvorschläge nachzudenken und eventuell einen eigenen Vorschlag zu machen oder Veränderungen vorzuschlagen.

- Immer auf der Suche nach Konsens zu sein, um das Team weiterzubringen und zu einigen.

- Bereit sein, so lange zu diskutieren, bis ein Konsens gefunden ist.

---

[23] The Open University; Hall, W.; Keynes, M. (2016): How Teams Work

Warum der Entscheidungsprozess wichtig ist:

- Er gibt Dir Klarheit, wie etwas entschieden wird

- Er gibt dem Team Klarheit, wie Entscheidungen getroffen werden

- Er legt dar, wie Entscheidungen getroffen werden

- Er legt fest, wer Entscheidungen trifft

Missionen und Ziele definieren und kommunizieren

Während die Methoden und die Rollen sehr formale Aufgaben sind, solltest Du bei der Formulierung der Ziele und der Mission des Teams eher das Blickfeld erweitern und das Projekt in seinem Zusammenhang erklären. **Jedes Team arbeitet besser zusammen, wenn es den Gesamtzusammenhang versteht,** wenn mit der Arbeit auch eine Mission verbunden ist, die erfüllt werden muss. Das können auch kleine Dinge sein: Bei der Straßenreinigung ist die Mission nicht nur die Straßen zu reinigen, sondern den Bürgern eine saubere Stadt zu bieten. Die **Vision** wäre in diesem Fall, die Lebensqualität in der Stadt zu erhöhen und einen Beitrag für den Umweltschutz zu liefern. Wenn Du in einem Restaurant arbeitest und dort der Manager bist, dann wird die Vision sein, den Gästen ein unvergessliches Erlebnis zu bieten und die Mission, die Gäste jeden Tag glücklich zu machen.

 Während die Vision und die Mission eher allgemein formuliert werden, müssen die **Ziele** sehr konkret sein. Das Tagesziel eines Straßenräumteams kann sein, dass eine bestimmte Anzahl von Straßen geputzt werden müssen. Die eines Restaurants ist es, einen bestimmten Umsatz zu erreichen. In der Softwareentwicklung ist das Ziel eines Teams, ein Produkt zu entwickeln, welches den Anforderungen und Bedürfnissen des Kunden entspricht. Ziele werden am besten verstanden, wenn sie quantifiziert sind. **Du wirst Deinem Team am besten Ziele verständlich machen, wenn Du sie in Zahlen ausdrücken** kannst. Das können Deadlines sein, bis wann ein Produkt fertig sein muss, ein bestimmter Profit, der pro Monat erwirtschaftet sein muss oder aber im Fall eines Krankenhauses, wie viele Patienten versorgt werden müssen oder wie viele Betten belegt sein müssen. Ziele sollten konkret und realistisch formuliert werden, Du wirst aber immer wieder feststellen, dass sie manchmal nicht erreicht werden. Das ist nicht schlimm, denn sie haben bis dahin dem Team immerhin Motivation und Orientierung gegeben und können auch immer wieder angepasst werden.

Eine große Herausforderung für jeden Teamleiter ist es, die Ziele und Visionen so zu kommunizieren, dass sie auch verstanden und umgesetzt werden können. Hierfür gibt es kein einfaches Erfolgsrezept, es hängt stark von Deiner Persönlichkeit ab, wie Du mit Deinem Team kommunizierst. Einfacher ist es immer, wenn Du mit den Teammitgliedern persönlich zusammensitzen kannst. Bei virtuellen Teams ist dieser Teil oft der schwierigste, vor allem wenn er über Zeitzonen verteilt stattfindet. Versuche die Ziele und Missionen so einfach wie möglich zu formulieren und frage Dein Team nicht nur ob es diese verstanden hat, sondern vor allem auch wie.

Beantworte Dir selbst folgende Fragen:
Wie kannst Du die Vision umsetzen?
Wie verstehst Du die Mission?
Was kann dabei helfen, die Ziele zu erreichen?

Warum Missionen und Ziele wichtig sind:

- Du legst damit eine klare Richtung fest, in die gegangen wird

- Es macht deutlich, dass alle im Team eine gemeinsame Aufgabe haben

- Das Team kann sich mit dieser Aufgabe identifizieren

- Es stellt sicher, dass das Team weiß, warum es existiert

- Hilft dabei zu verstehen, wohin man geht und warum

Vertrauen schaffen

Als Teamleiter wirst Du immer wieder auch Entscheidungen treffen müssen, die schwierig sind und mit denen nicht jeder im Team einverstanden sein wird. Damit diese aber akzeptiert werden, müssen die Mitglieder des Teams Dir vertrauen können. Du wirst ihnen glaubhaft machen müssen, dass Du ihnen gegenüber ehrlich bist. Am einfachsten wirst Du das erreichen, indem Du Deinem Team das Gefühl gibst, in Sicherheit zu sein. Vertrauen schafft man nicht durch Worte, sondern durch Taten. Ein Teamleiter, der sich vor sein Team stellt, wird Vertrauen eher bekommen als jemand, der sein Team bei Kritik von außen nicht verteidigt.

Der Formel 1 Fahrer Sebastian Vettel hat mit Ferrari in der Saison 2018/2019 einige Probleme gehabt, weil das Team falsche Entscheidungen zum Beispiel beim Zeitpunkt des Reifenwechsels oder bei der Reifenwahl getroffen hat. Dennoch stellte er sich vor das Team, nahm die Kritik zwar an, ohne aber sich vom Team selbst zu lösen. Vettel spricht fast immer in der Wir-Form, auch wenn er mit Entscheidungen des Teams oder der Teamleitung nicht zufrieden ist.[24]

---

[24] Duncan, P. (2018): Sebastian Vettel: We stood no chance the way that we raced in Singapore. URL: https://www.telegraph.co.uk/formula-1/2018/09/16/sebastian-vettel-stood-no-chance-way-raced-insingapore/ [Stand: 10-10-2018]

Eine weitere Form der Vertrauensbildung ist größtmögliche Transparenz. Wer dem Team so viele Informationen wie möglich gibt, wird nicht nur den Output und die Kreativität verbessern, sondern auch zeigen, dass man nichts zu verbergen hat. Das gilt übrigens auch für Probleme: **Manche Teamleiter neigen dazu, ein Problem selbst lösen zu wollen**, weil sie glauben, dass das ihre Aufgabe ist. Das Team erfährt davon dann erst, wenn die Lösung bereits gescheitert ist, und wird sich fragen, warum der Teamleiter nicht früher damit ankam.

Wenn Du Dein Team früh in die Verantwortung nimmst, wird das ebenfalls das Vertrauen stärken. Versuche das einmal bei der Risikoanalyse. Frage das Team, welche Risiken es für das Projekt gibt, welche Risiken es im Team sieht und wie es die Risiken bewertet.

Warum Vertrauen wichtig ist

1. Es hilft Dir, das Team einfacher zu führen

2. Es bietet eine enge Bindung zwischen dem Team und Dir

3. Es ist eine gute Grundlage der Zusammenarbeit

4. Es hilft dabei, Konflikte zu lösen

Sensemaking

Der englische Begriff lässt sich etwas flapsig ins Deutsche mit „Der Erklär-Bär sein" übersetzen. Du wirst als Teamleiter immer wieder Ereignissen gegenüberstehen, die das Umfeld, in dem Dein Team arbeitet, verändern. Das kann ein Umzug des Teams in ein neues Gebäude, eine plötzliche Veränderung des Projektziels, eine Zusammenlegung oder Erweiterung des Teams oder aber eine finanzielle Veränderung sein. **Veränderungen, die von außen kommen, werden immer einen Einfluss auf das Team haben** und Deine Aufgabe ist es, die Veränderung einzuschätzen und diese Einschätzung dem Team zu erläutern. Damit nimmst Du dem Team zum einen die Angst vor einer etwaigen Veränderung, zeigst aber gleichzeitig auch, dass Du bereit bist, das Team durch diese Phase zu führen und Sicherheit zu bieten. Allerdings solltest Du es auch nicht übertreiben: ein Team möchte auch nicht ständig belehrt werden.

Es gibt aber auch noch einen anderen Ansatz, in dem das Team selbst versucht, **Entwicklungen und Beobachtungen besser zu verstehen**. Folgt man der Theorie von Karl Weick, der erstmals von Sensemaking gesprochen hat, so versuchen wir Menschen immer Probleme basierend auf unserem Erfahrungsschatz zu lösen (und dabei kommen uns immer die zuletzt gemachten Erfahrungen in diesem Zusammenhang in den Sinn). Oft genug kann es Situationen geben, die so neu sind, dass man keine entsprechenden Erfahrungen gemacht hat und damit dann nicht umgehen kann. Damit das nicht wieder passiert, müssen diese Erfahrungen als Team verarbeitet und abgespeichert werden.

Der tragische Absturz von Germanwings 9525 basierte auf einer nicht vorhergesehenen Situation: Man konnte sich nicht vorstellen, dass ein Pilot den anderen aus dem Cockpit aussperrt. Man konnte sich auch nicht vorstellen, dass ein Pilot Depressionen vor seinem Arbeitgeber verbergen kann. Erst durch diese Erfahrung entstand eine Regelung, dass immer zwei Personen, davon einer ein Pilot, im Cockpit sein müssen. Die Behörden und Sicherheitsgremien waren sich aber auch einig, dass man Piloten nicht ständig auf ihre Psyche untersuchen kann und stattdessen versucht, das Thema Depressionen auf internen Schulungen zu verankern. Solche "After Action Reviews" nach Unglücken schließen so viele Beteiligte wie möglich ein, um das Wissen darüber breit zu verteilen.

Im Sensemaking Prozess wird ein Teamleiter in so einer Situation auch erklären, welche Auswirkungen das für das Team selbst hat. Zum Beispiel könnte man den Flugbegleitern erläutern, welche Auswirkungen Depressionen im Team noch haben könnten, und wie man diese erkennen kann, weil es natürlich nicht nur Piloten betrifft. Du würdest in diesem Fall auch eine generelle Einführung in psychische Probleme geben und darauf eingehen, wie man sie erkennen kann.

Warum Sensemaking sinnvoll ist:

1. Kann dem Team dabei helfen, Prozesse innerhalb des Teams besser zu verstehen

2. Hilft dem Team dabei, Prozesse zu verstehen, die außerhalb des Teams ablaufen

3. Erleichtert es dem Team, Ereignisse besser zu verstehen

4. Hilft dem Team, interne Strukturen und Prozesse zu verstehen

5. Unterstützt das Team dabei, unklare Ereignisse einordnen zu können

Feedback für das Team

Nicht nur in agilen Umgebungen spielt Feedback eine große Rolle. Es stellt sicher, dass Mitarbeiter motiviert werden, aber auch dass Probleme rechtzeitig angesprochen und Lösungen gefunden werden. Feedback hilft dem Team seine vergangenen Tätigkeiten zu evaluieren und Arbeitsabläufe zu verbessern. Du wirst Dir in der Planungsphase Gedanken machen müssen, wie Du dem Team Feedback geben willst. Dazu stehen Dir einige Instrumente zur Verfügung:

- Persönliche Gespräche

- Gruppenmeetings

- Workshops

- Pinboards

- Ticketing system

- Milestones

- KPIs

Studien haben gezeigt, dass ein **Feedback, welches auch die Leistungen der einzelnen Teammitglieder einschließt, diesen helfen kann, sich zu verbessern**[25]. Allerdings ist der Grat schmal, denn oft genug können KPIs einen Druck ausüben, der die Leistung unter Umständen auch verringern kann. Als Teamleiter ist es Deine Aufgabe, ein Projekt mit Hilfe des Teams fertigzustellen, das sollte immer wichtiger sein als die Leistungen der einzelnen. Das beste Feedback ist eines, das weniger die Leistungen bewertet als Hilfe gibt, Schwächen zu verbessern und Stärken anzuerkennen. Welche Methode Du dabei anwendest, ist dann nicht mehr so wichtig.

Natürlich gibt es immer wieder Situationen, wo ein Mitarbeiter auch **negatives Feedback** bekommen muss, wenn beispielsweise jemand sehr nachlässig war, immer zu spät kommt oder Probleme im Team verursacht. Dann wirst Du mit der Person ein ernstes Wort reden müssen.

---

[25] Gibson, C.; Vermeulen, F. (2003): A healthy divide: Subgroups as a stimulus for team learning behavior, Administrative Science Quarterly, S.202-239

Auf keinen Fall solltest Du Kritik an einzelnen Mitarbeitern vor der Gruppe ausüben, wenn es nicht mit einem **konkreten Vorschlag verbunden ist, aus dem Fehler zu lernen**. Es versteht sich von selbst, dass ein herumschreiender Teamleiter ein absolutes No-Go ist, egal, welchen Fehler jemand im Team gemacht hat. Du solltest auch immer erst einmal das persönliche Gespräch suchen. Solltest Du nicht am Ort sein, dann warte, bis Du wieder im Büro bist. Chefs und Teamleiter, die negatives Feedback über Email oder SMS geben, demotivieren den Mitarbeiter, der in Zukunft von Angst gesteuert sein wird, keinen Fehler zu machen – was oft genug zu noch mehr Fehlern führt.

Arbeitest Du mit virtuellen Teams, dann sollte ein negatives Feedback am besten in einem Videocall gemacht werden, nicht im Slackstream oder per Nachricht. Schon die Tatsache, dass man sich von **Angesicht zu Angesicht** gegenübersitzt reicht aus, um eine bessere Grundstimmung zu schaffen und eine entspanntere Gesprächssituation zu ermöglichen.

Übrigens gibt es nicht nur Feedback, das von Dir kommt, sondern auch das der Mitarbeiter über Dich und das der Mitarbeiter untereinander. Hier gibt es ähnliche Mechanismen. Gerade Feedback an Dich kann oft für den Mitarbeiter unangenehm sein, denn er oder sie wird Bedenken haben, den Teamleiter zu kritisieren. Es liegt dann an Dir eine Atmosphäre zu schaffen, in der alle so offen miteinander umgehen, dass Feedback und Kritik nicht persönlich genommen werden und eine Position im Team kein Grund dafür ist, jemandem kein Feedback zu geben.

Manchmal kann es auch sinnvoll sein, dass Dein Team sich untereinander Feedback gibt, ohne dass Du dabei eingebunden bist. Du solltest das auf jeden Fall fördern, denn oftmals geht es dabei um fachliche Dinge, die die Mitarbeiter am besten unter sich ausmachen. Sie wollen wissen, dass sie dennoch zu Dir kommen können, wenn sie nicht mehr weiterwissen.

Warum Feedback sinnvoll ist:

- Es belohnt die Arbeit der Teammitglieder auf Basis der aufgestellten Regeln

- Es hilft, die Performance des Teams gemeinsam zu erörtern

- Du kannst so Probleme ansprechen, von der Teamleistung über die Tagesarbeit bis hin zu Unternehmensnachrichten

- Lobt das Team, wenn es gute Arbeit gemacht hat

- Hilft, Fehler zu vermeiden

Weiterbildung

Wenn Du Dein Team über einen längeren Zeitraum leiten solltest, dann wirst Du Dich auch damit beschäftigen können, wie Du Dich und Deine Mitarbeiter weiterbringst. Gerade in technischen Teams ist eine **ständige Weiterbildung** wichtig und Du solltest Dir in der Planungsphase überlegen, wie und wann das umgesetzt werden soll. Manche Firmen sehen eine Weiterbildungsmaßnahme immer noch als eine Belohnung für besonders fleißige Mitarbeiter an, aber die meisten Management- und Personalexperten raten davon ab. **Weiterbildung ist keine Ausnahme, sondern sollte die Regel sein** und allen zur Verfügung stehen, wenn auch nicht unbedingt immer zum gleichen Zeitpunkt. Es kann natürlich auch der Fall sein, dass Weiterbildungsmaßnahmen zentral von der Personalabteilung verwaltet werden.

Trend zur Transparenz

Da viele Start-Ups klein anfangen und ihr Unternehmen eher wie ein Projekt organisiert ist, versuchen sie so transparent wie möglich zu sein. Gerade in der Softwareentwicklung ist Transparenz wichtig, zum Beispiel wenn man in einem agilen Framework arbeitet. Manche Teamleiter befürchten hingehen, dass zu viel Transparenz auch überfordern kann. Wieviel ist also angebracht?

Die österreichische Firma Buffer hat da einen sehr radikalen Ansatz: Hier weiß jeder alles, von den Umsätzen bis zu den Lieblingsbüchern der Mitarbeiter. Sogar firmeninterne E-Mails sind jedem im Betrieb zugänglich. Bei der Kölner Firma Giant Swarm sind sogar die Gehälter offen kommuniziert. Der Mitgründer Oliver Thymann begründet das in einem Interview mit dem Magazin Manager Seminare[26] damit, dass Geheimniskrämerei dem Unternehmen einfach nicht guttun würde. Die Firma Haufehumantis hat zum Beispiel Mitarbeiter sehr frühzeitig über Investorenverhandlungen informiert.

Was bringt Dir als Teamleiter Transparenz? Vor allem Ruhe im Team. Denn Du wirst wichtige Dinge, die das Team, seine Arbeit und das Umfeld betreffen, ohnehin nicht lange geheim halten können. Wenn aber erst einmal Gerüchte aufkommen wirst Du es schwer haben, die Kontrolle zu haben. **Zum einen schafft Transparenz Vertrauen**, zum anderen aber auch eine einfachere Arbeitsgrundlage. Informationen sind schneller verfügbar, das Team ist in der Lage das Gesamtbild zu verstehen. Bei der Drogeriekette dm hat man zum Beispiel eine eigene Infoabteilung eingerichtet, die nur dafür da ist, Filialen und Mitarbeitern die Informationen zu liefern, die benötigt werden.

---

[26] Jumpertz, S. (2016): Zukunft der Führung, Transparenz total?, ManagerSeminare, Heft 223

Autorin Sylvia Jumpertz[27] gibt für Manager folgende Tipps, wenn es um das Ausmaß der Transparenz geht:

- Transparenz muss einen guten Grund haben

- Es gilt das Prinzip der Kosten-Nutzen-Abwägung

- Führungskräfte müssen ehrlich mit sich selbst sein

- Mitarbeiter wissen am besten, was sie brauchen

- Transparenz braucht Kommunikation

- Transparenz braucht Vertrauen

- Transparenz braucht den richtigen Background

---

[27] Jumpertz, S. (2016): Zukunft der Führung, Transparenz total?, ManagerSeminare, Heft 223

Durchführung

Wenn das Team zusammengestellt ist, die Mitglieder Dich als Leiter anerkannt haben und schätzen und die Regeln klar sind, dann kann es an die Arbeit gehen. Für Dich als Teamleiter verändert sich die Rolle jetzt. Du wirst in der Durchführungsphase zum einen nah am täglichen Geschehen sein, zum anderen aber auch immer wieder zurücktreten müssen, um das Gesamtbild mit etwas Abstand betrachten zu können. Während der Durchführungsphase gibt es wie auch bei der Vorbereitung einige Aufgaben, die Du erfüllen musst. Auch hier ist die Reihenfolge der aufgelisteten Aufgaben nicht so wichtig wie die Tatsache, dass sie erfüllt werden. In der Durchführungsphase sind Steuerungen immer auch mit direkten Auswirkungen verbunden.

Wenn Du jetzt etwas in der Teamzusammensetzung änderst, wird das weitaus gravierendere Auswirkungen haben, als wenn das noch in der Planungsphase geschieht. Bisweilen wirst Du das nicht vermeiden können, sei Dir aber bewusst, dass Du in einem komplexen Umfeld operierst.

Teams überwachen

Eine der vornehmlichen Aufgaben eines Teamleiters ist es das Team zu überwachen. Allerdings kann dieses Wort etwas in die Irre führen, denn Du sollst natürlich nicht ständig schauen, was Dein Team gerade macht. Auf keinen Fall solltest Du übrigens die Rechner kontrollieren oder gar sämtliche E-Mails Deines Teams lesen. **Überwachen bedeutet nicht Big Brother zu sein**, sondern zu wissen, was im Team vor sich geht, weil das Team es transparent macht. Im Englischen wird der Ausdruck „monitoring the team" verwendet, was Deiner Aufgabe schon etwas näherkommt – Du beobachtest das Team in seiner Arbeit. Wie sieht das aber konkret aus? Sitzt Du an Deinem Tisch und schaust den Teammitgliedern beim Arbeiten zu? Natürlich nicht. Ein großer Teil dieser Aufgabe besteht aus der Analyse von Daten.

In jedem Projektmanagement gibt es Tools, die den Projektfortschritt anzeigen. Sie geben Dir Grafiken und Statistiken aus, die sich aus den jeweiligen Team-Performances errechnen lassen. Solche sind beispielsweise:

- Wie viele Tasks werden abgearbeitet?

- Welche Ressourcen werden wie intensiv verbraucht?

- Ist die Arbeit gleichmäßig verteilt?

- Wird der Zeitplan erfüllt?

- Wie schnell werden Probleme gelöst?

- Wird das Budget eingehalten?

- Bei Scrum: Wie entwickelt sich der Burndown-Chart?

Die meisten dieser Aufgaben sind klassische Tasks eines Projektmanagers, der Du meistens als Teamleiter auch bist. Aber neben den harten Fakten gibt es auch die weichen Faktoren, auf die Du achten solltest:

- Wie ist der Krankenstand?

- Gibt es sichtbare Konflikte?

- Wie wohl fühlen sich die Teammitglieder?

- Hat das Team alles was es braucht, um zu arbeiten?

- Gibt es gruppendynamische Prozesse, die das Team stören?

Wie Leader in einer Stresssituation die Ruhe bewahren und das Team leiten, zeigen am besten die Notaufnahmen in Krankenhäusern, in denen es sogenannte Traumabetten gibt. Hier werden Schwerstverletzte und meist in Lebensgefahr befindliche Patienten eingeliefert und umgehend von einem Spezialisten-Team versorgt. Dieses Team hat einen Leiter: Der Leiter

ist ein erfahrener Notarzt oder Chirurg, der alle diagnostischen Entscheidungen trifft und Behandlungsanweisungen am Traumabett gibt. Er steht am Fuß des Bettes, und hat keinen direkten Kontakt mit dem Patienten. Er muss in der Lage sehen, alles was sein Team macht, sehen zu können. Er spricht dabei mit dem Team, welches am Patienten arbeitet, aber auch anderen Abteilungen, zum Beispiel dem OP oder der Radiologie. Er sagt an, welche Prozeduren notwendig sind, welche diagnostischen Methoden angebracht sind und gibt direkte Anweisungen. Er notiert dann die wichtigsten Diagnosen und Behandlungen in der Patientenakte.

In diesem Fall hat der Teamleader eine eher autokratische Rolle, die aber auch nötig ist. Gleichwohl muss er sich zu 100 Prozent auf sein Team und die Spezialisten verlassen können. Solche Trauma-Teams arbeiten unter großem Druck und müssen dabei eine hochprofessionelle Einstellung haben, vor allem auch weil die emotionale Belastung nicht zu unterschätzen ist.

Grenzen erkennen und erklären

Das Beste was Dir als Teamleiter passieren kann, ist ein hochmotiviertes Team, das es gar nicht erwarten kann, mit der Arbeit anzufangen und damit auch gar nicht mehr aufhören will. Und soweit das Projekt nach wie vor gut voranschreitet, ist das auch eine gute Sache. Es kann aber auch passieren, dass das **Team ein wenig zu schnell ist und dann Fehler passieren**. Ein anderes Problem, welches auftauchen kann ist, dass das Team über das Ziel und seinen Verantwortungsbereich hinausschießt. Und schließlich kann es bei Projekten, in denen mehrere Teams zusammenarbeiten, immer wieder zu Verständigungsproblemen und Kommunikationsfehlern kommen, wer welche Aufgaben übernimmt. Der Teamleiter wird hier gefordert sein, zunächst die Grenzen, in denen sich das Team bewegen kann, zu erkennen und diese dann auch dem Team zu erklären.

In einem Softwareprojekt wird dem Team große Freiheit gegeben, wie die geforderten Features für eine App programmiert werden. Das Team besteht aus jungen Programmierern, die sich entscheiden, nach der iOS Variante auch die Android Version mit Swift zu gestalten, einer von Apple entwickelten Umgebung, die erst kürzlich auch zu Android portiert wurde. Allerdings gibt es hier noch viele Einschränkungen, und das Team verbringt viel Zeit damit, diese zu lösen, statt die eigentlichen Features

zu programmieren. An dieser Stelle ist es Deine Aufgabe einzuschreiten und darzulegen, warum diese Lösung das Projekt in Gefahr bringen kann.

Die Grenzen können auch gegenüber anderen, insbesondere gegenüber Stakeholdern, gezogen werden. Wenn zum Beispiel andere Abteilungen die Ressourcen Deines Teams anzapfen wollen, oder aber bestimmte Aufgaben von anderen Teams direkt an Deine Teammitglieder weitergegeben werden, dann solltest Du hier eingreifen und klare Regeln aufstellen, wie von außen mit Deinem Team kommuniziert werden kann. Meistens müssen Anfragen an Dich gestellt werden, sollte es Instrumente wie Slack geben, können diese auch elektronisch gemacht werden, zum Beispiel in dem man einen Gruppenchat eröffnet und diskutiert, ob diese Anfrage auch bearbeitet werden kann, ohne den Teamfortschritt zu gefährden. **An erster Stelle steht immer, dass Du Dein Team in Ruhe arbeiten lässt und vor Störungen so weit wie möglich schützt.**

Hochmotivierte Teams werden bald der Routine der täglichen Arbeit überdrüssig werden. Je besser ein Team ist, umso eher wird ihm langweilig und es braucht neue Herausforderungen. Schon bei der Planungsphase solltest Du Dir Gedanken machen, wie das Team später herausgefordert werden kann, aber in der Durchführungsphase wird das besonders wichtig werden. Die einfachste Methode ist natürlich, wie auf den alten römischen Galeeren, die Schlagzahl zu erhöhen und einfach mehr Tasks in die Liste zu packen. Allerdings wird das schnell zurückfeuern, denn **Dein Team will nicht mehr Aufgaben, sondern vor allem andere und interessantere**. Dabei darf natürlich die eigentliche Arbeit auch nicht vergessen werden.

Jack Welch[28], der ehemalige CEO von General Electric hat einmal die berühmten Worte gesagt: „Bevor du ein Führer wirst, liegt der Erfolg darin, selbst zu wachsen. Wenn du ein Führer bist, dann liegt der Erfolg darin, dass die anderen wachsen können."

Herausforderungen sind heutzutage vor allem Veränderungen. In der modernen Arbeitswelt kommt weiter, wer in der Lage ist, sich schnell anzupassen und in komplexen Umgebungen zu funktionieren. Deshalb können motivierende

---

[28] Hedges, K. (2015): Four Ways To Challenge Employees To Reach Their Potential. URL: https://www.forbes.com/sites/work-in-progress/2015/02/19/four-ways-to-challenge-employees-to-reach-their-potential/#32d34b862889 [Stand: 05-10-2018]

Maßnahmen schon darin liegen, die Umgebung zu verändern. Gleiches gilt für die Arbeitsprozesse.

Im Extreme Programming werden immer wieder neue Paare von Programmierern gebildet, die zusammen Code schreiben. Hintergrund ist, dass beide voneinander lernen können, und dass sie in der Lage sein müssen, sich immer wieder auf einen neuen Partner einstellen zu müssen. Das trainiert die innere Flexibilität, bringt aber auch das Team als solches voran, weil sich die Teammitglieder ständig intern weiterentwickeln. Allerdings besteht auch die Gefahr, dass sich Programmierer ausgebremst fühlen können, wenn sie jemanden an der Seite haben, der einen anderen Wissensstand hat.

Eine intellektuelle Herausforderung ist immer besser als nur die Outputzahlen zu erhöhen, wie auch Studien bewiesen haben: Viele Aspekte der Führung eines Teams werden in der intellektuellen Stimulation der Führung selbst reflektiert, hatten Forscher herausgefunden[29]. Es zeigt sich aber auch, dass es eine solche Stimulierung für die Teammitglieder braucht, die sich zum Beispiel Gedanken machen, ob die Führung auch fit genug für die Zukunft ist. Der Wissenschaftler Robert T. Keller hatte in seiner Studie in For-

---

[29] Bass, B. M. (1985): Leadership and performance beyond expectations., The Free Press, New York

schungsteams mit intellektueller Stimulation in Form von Sätzen wie „ermöglicht es mir, alte Probleme in neuem Licht zu sehen" versucht zu bestimmen. Er erkannte eine **positive Beziehung zwischen einer intellektuellen Stimulierung und den Bewertungen des Managements** durch das Team, aber auch die Bewertung des Projekts. Später fand er sogar heraus, dass es einen Zusammenhang zwischen einer solchen Stimulierung und der Profitabilität eines Projekts gab.[30]

Solche intellektuellen Herausforderungen können auch einfach nur Problemlösungen sein. Wie schon oft angesprochen neigen Teamleiter dazu, Probleme erst einmal selbst lösen zu wollen. Dabei kann die Problemlösungen auch vom Team erledigt werden, und das bringt meistens auch gleich mehrere Vorteile mit sich:

- Das Team kann mehrere Lösungsansätze entwickeln

- Teammitglieder bekommen Verantwortung übertragen

- Es gibt eine Herausforderung abseits von der Tagesarbeit

- Das Team kann gemeinsam an der Lösung arbeiten

- Es nimmt Druck vom Teamleiter

---

[30] Keller, R. T. (2006): Transformational leadership, initiating structure, and substitutes for leadership: A longitudinal study of research and development project team performance: Journal of Applied Psychology, S.202-210

Ein Team, das herausgefordert wird, ist auch meistens motivierter, weil es Spaß an der Arbeit hat und einen breiteren Sinn in dem sieht, was es tut. Ein Teamleiter wird aber auch immer wieder einzelne Teammitglieder motivieren und herausfordern müssen. Bei der Motivation von Mitarbeitern gibt es ebenfalls verschiedene Ansätze. Zu diesen gehören:

Belohnungen: Du kannst ein Teammitglied natürlich versuchen mit klassischen Belohnungen wie Gehaltserhöhungen oder Vergünstigungen zu motivieren. Allerdings zeigen immer mehr Studien, dass solche Effekte nicht sehr lange nachwirken und die Mitarbeiter dann wegen des Geldes arbeiten, nicht aber motiviert sind, das Projekt an sich zu unterstützen. Außerdem wirkt sich das nicht immer positiv auf die Team-Performance aus, weil dadurch Einzelkämpfer geschaffen werden. Allerdings kann es beispielsweise dann hilfreich sein, wenn ein Mitarbeiter abgeworben werden soll oder sein Lebensumfeld sich verändert, man ihn aber halten will.

Lob und Anerkennung: Wir hören alle gerne, dass wir unseren Job gut machen und freuen uns, wenn der Chef uns lobt. Als Teamleiter solltest Du immer wieder auch einzelne Teammitglieder für ihre Arbeit loben. Am besten machst Du das, wenn sie etwas Spezielles geschafft haben, wie z. B., wenn sie einen besonderen Teil von Code geschrieben, ein tolles Logo gestaltet oder ein Problem gelöst haben. Studien haben gezeigt, dass es besser ist, die Prozesse zu loben, die dazu geführt haben, als die reine Intelligenz. Untersuchungen bei Kindern[31] beweisen recht gut, dass solche, denen man eine hohe Intelligenz und viel Talent nachgesagt hat, schlechter abschneiden als jene, bei denen man die Art und Weise, wie sie Probleme angehen, gelobt hat. Der Grund liegt darin, dass Intelligenz und Talent als eine feste und unveränderliche Größe angesehen werden. Wer intelligent ist, verlässt sich darauf und sieht keine Notwendigkeit (und auch Möglichkeit), weiter zu wachsen. Wer aber ein „Growth-Mind-Set" hat, ist bereit, sich immer weiter zu verbessern. Versuche als Teamleiter diese Einstellung zu fördern.

---

[31] Dweck, C. S. (2015): The Secret to Raising Smart Kids: Scientific American. URL: https://www.scientificamerican.com/article/the-secret-to-raising-smart-kids1/ [Stand: 20-09-2018]

Die Firma Dornseif, ein Winterdienstunternehmen, ist ein gutes Beispiel wie eine Unternehmensphilosophie auch die kulturelle Vielfalt beinhaltet und damit die Motivation fördert. „Wir pflegen einen sehr familiären Führungsstil, der gekennzeichnet ist durch Vertrauen und Respekt. Dieser partnerschaftliche Führungsstil und die offene und mitarbeiterorientierte Führungskultur schaffen eine einzigartige Unternehmenskultur", beschreibt Dornseif[32] seinen Ansatz auf seiner Webseite, der als „Dreamwork" sogar einen Warenzeichenschutz hat. Er bestand zunächst aus drei Säulen: Arbeits- und Gesundheitsschutz, Vereinbarkeit von Beruf und Familie und Diversität. Mittlerweile ist Umweltschutz dazugekommen. Den Beschäftigten stehen eine freie Pausenregelung, Zuschüsse bei der Kinderbetreuung und ein Home-Office-Koffer zur Verfügung: Dieser enthält alles, was die Beschäftigten für einen Arbeitstag zu Hause brauchen. Auch ihre Arbeitszeiten können alle Beschäftigten flexibel gestalten – sofern es nicht gerade schneit.

Wie gut das Konzept funktioniert und wie motiviert die Arbeiter sind, zeigt eine Anekdote: Damit die muslimischen Mitarbeiter beten können, wurde ein Gebetsraum eingerichtet. Die Arbeitsmoral ist aber so hoch, dass der Firmen-

---

[32] Dornseif: Wofür wir stehen. URL: http://www.dornseif.de/unternehmen/philosophie/ [Stand: 10-09-2018]

chef die Angestellten auch schon mal daran erinnern muss, ihr Gebet nicht zu vergessen.

Der Grund für so viel Fürsorge liegt in der Arbeitsplatzbeschreibung: Schneeräumen ist zum einen saisonal bedingt, zum anderen unberechenbar, was das Wetter angeht. Es kann schon einmal vorkommen, dass es tagelang schneit und dann müssen die Arbeiter fast rund um die Uhr bereitstehen. Das geht nur, wenn sie zum einen motiviert sind, zum anderen sich aber auch keine Sorgen um ihre Familie oder die Arbeitssicherheit machen müssen.

Neue Aufgaben

Besonders stark werden einzelne Teammitglieder auch dadurch motiviert, dass Du ihnen neue Aufgaben gibst. **Wir sind heute so spezialisiert in dem was wir tun, dass wir es auch unter Beweis stellen wollen**. Dazu muss dem Mitarbeiter auch der Rahmen gegeben werden. Das bedeutet nicht, dass jemand aus dem Team entfernt werden muss. Gleichwohl wird es im Team auch Aufgaben geben, die Du dem Mitarbeiter vielleicht zuerst nicht zugetraut hast.

Wenn Du das Gefühl hast, er oder sie hat Führungsqualitäten, kannst Du ihm oder ihr zum Beispiel auch einen Teil Deiner Aufgaben übertragen. Denn auch Teamleiter ist kein Job für die Ewigkeit und ein Teil Deines Jobs gerade in großen Organisationen ist es, auch selbst neue Teamleiter heranzuziehen.

Du wirst hier teilweise einen Spagat machen müssen, denn zum einen darfst Du den Mitarbeiter nicht mit den neuen Aufgaben überfordern, zum anderen muss er oder sie natürlich auch noch die eigentliche Arbeit im Team verrichten können. Und schließlich wirst Du auch ein Auge auf den Rest des Teams haben müssen, denn Du willst keine Eifersucht aufkommen lassen. Solche persönlichen Motivationen dürfen niemals von den anderen Teammitgliedern als eine Art der Bevorzugung angesehen werden. Deshalb ist es auch wichtig, dass Du dem Team klar kommunizierst, warum ein Teammitglied diese Aufgaben bekommen hat. Je mehr das Team Klarheit über solche Belobigungen hat, umso motivierter kann es sein. Denn schließlich will jeder gerne Anerkennung erfahren.

Teamaufgaben selbst übernehmen

Immer wieder wird die Frage gestellt, ob ein Teamleiter auch selbst im Team mitarbeiten soll. Und die Antwort ist heute eigentlich klar: Ja, wenn auch nicht zu 100 Prozent. Es hängt sehr von der Größe und Art eines Projekts ab. Im oben genannten Beispiel von den Behandlungskabinen im Traumabereich ist der Teamleiter auch Entscheider. Bei Scrumprojekten ist der Product Owner selten auch Teil des Entwicklungsteams. Bei der Müllabfuhr hingegen ist es durchaus möglich, dass Teamleiter auch mal den Mülllaster fahren oder aber in der Disposition aushelfen. Es gibt keine allgemeingültige Antwort darauf, wie sehr Du Dich einbringen kannst und sollst. Stelle Dir folgende Fragen:

Kann ich meinem Team eine Bereicherung sein?
Kann ich die Aufgaben/Tasks auch leisten?
Wieviel Zeit kann ich aufwenden?
Warum will ich mitarbeiten?

Gerade wenn Du selbst ein Programmierer bist oder in einem anderen Team gerne auch die Ausführung machst, ist die Versuchung groß, selbst mit Hand anzulegen.

Ein Feuerwehrmann in Hessen zeigte während seiner Einsätze, dass er sehr gut vor Ort koordinieren konnte, gerade auch bei schwierigen Großbränden. Seine Vorgesetzten schlugen vor, ihn in die Funkzentrale zu versetzen, was er auch gerne machte, und bald wurde er zum Leiter der Funkzentrale. Dabei fehlte ihm aber der direkte Kontakt mit den Einsatzkräften, er war nur noch verwaltend tätig und konnte keine echten Einsätze mehr koordinieren. Er beschloss, einmal in zwei Wochen eine Tag- und dann eine Nachtschicht am Funk zu übernehmen. Nur so konnte er auch sehen, wie die Arbeit an den Computern und Telefonen gemacht wird und was sich verändert hat, seit er

die Leitung übernommen hatte. Für sein Team war das ein Signal, dass er nach wie vor einer von ihnen war, und auch die Feuerwehrleute im Einsatz freuten sich immer, wenn sie seine Stimme an den Funkgeräten hörten.

Du solltest wirklich darauf achten, dass Du nicht zu sehr in die Tagesarbeit eingebunden wirst, wenn es wichtigere, übergeordnete Tätigkeiten für Dich gibt. Gerade bei kleineren Teams aber ist es nicht unbedingt sinnvoll – auch aus finanziellen Gründen – einen Mitarbeiter nur mit der Teamleitung zu betrauen. Dann wird diese Rolle Dir oder jemand anderem zugeordnet, gleichzeitig hat diese Person aber auch noch andere Rollen im Team.

Probleme lösen

Deine Mitarbeiter sollten wissen, dass sie immer zu Dir kommen können, wenn es Probleme gibt. Probleme zu erkennen, zu besprechen und zu lösen ist eine Deiner Hauptaufgaben. Je früher ein Problem erkannt wird, umso schneller kannst Du reagieren und geeignete Maßnahmen einleiten. Die meisten Probleme sind heute nicht einfach zu lösen, sondern komplex und kompliziert. Du musst wissen, dass jede Aktion auch Reaktionen in einem Gesamtsystem auslösen kann. Umso wichtiger ist es, Probleme frühzeitig zu erkennen und zu analysieren. Als Teamleiter wirst Du eine Menge Zeit damit verbringen, aufkommende Konflikte zu erkennen, vor allem aber Veränderungen zu spüren. Große

Problem haben einen kleinen Anfang, und je eher Du diesen siehst, umso kleiner kannst Du das Problem halten.

Bei einer Marketingtour für eine Wohltätigkeitsorganisation wurden quer durch Deutschland Kleintransporter eingesetzt. Nach einer Woche rief einer der Fahrer an und fragte nach mehr Geld für Benzin, weil sein Betrag aufgebraucht sei. Das schien eine Kleinigkeit zu sein, und deshalb wurde der Teamleiter gar nicht erst informiert. Am nächsten Morgen meldete sich aber der nächste Fahrer und am Nachmittag noch einer. Erst jetzt sagte man dem Leiter des Teams Bescheid, und dieser setzte sich mit seinem Büroteam und den Fahrern in einer Telefonkonferenz zusammen. Es stellte sich heraus, dass man bei der Berechnung der Benzinmengen nicht daran gedacht hatte, dass die mit Werbemitteln beladenen Autos mehr Benzin verbrauchen als der normale Durchschnitt, den man als Berechnungsgrundlage genommen hatte. Entsprechend musste nun auch das gesamte Budget angepasst werden.

Manchmal ist auch die Position, von der aus Du das Problem betrachtest oder lösen willst, entscheidend. In manchen Fällen ist es praktisch, wenn Du nahe am Team bist und dessen Tagesarbeit genau kennst oder sogar Teil des Teams bist. Es kann aber auch Situationen geben, in denen Du einen etwas anderen Blickwinkel haben musst, bei dem das

Gesamtbild wichtiger ist und das Umfeld, in dem sich Dein Team bewegt.

Wichtige Fragen, wenn es Probleme gibt:

Welches Ausmaß hat das Problem und welches kann es noch bekommen?
Bin ich in der Lage das Problem allein und schnell zu lösen?
Wie beeinflusst das Problem die Arbeit des Teams?
Wie wichtig ist es, das Problem zu lösen?
Welche andere Hilfe brauche ich, um mit dem Problem umzugehen?

Etwas, das Du immer vermeiden solltest, sind Schuldzuweisungen. Natürlich hat meistens jemand etwas falsch gemacht, aber das hilft weder dabei, das Problem zu lösen, noch ähnliche Probleme in der Zukunft zu vermeiden. Wenn zum Beispiel ein Programmierer gemerkt hat, dass er falsche Variablen verwendet hat, die einen Teil des Codes, der in der vergangenen Woche geschrieben wurde, betreffen, dann wird das einen erheblichen Einfluss auf die Produktion haben. Am besten ist es in diesem Fall, den Mitarbeiter zu fragen, welche Vorschläge er hat, wie man den Fehler wieder beheben kann. **Er wird schon selbst wissen, dass er etwas falsch gemacht hat**, aber wenn Du ihn um seine Mithilfe bittest, dann motiviert ihn das und er wird versuchen, in Zukunft genauer zu arbeiten – auch um Dich als Leiter und vielleicht sogar Vorbild nicht zu enttäuschen.

Ressourcen bereitstellen

Die besten Teams funktionieren vor allem deshalb so gut, weil sie alles haben, was sie brauchen, um ihren Job zu machen. Sie haben die richtigen Werkzeuge und Instrumente, können sich auf ihre Arbeit konzentrieren und bekommen lästige Verwaltungsarbeiten so weit wie möglich abgenommen. Damit das möglich ist, müssen ihnen diese Ressourcen auch zur Verfügung gestellt werden, und das ist eine Deiner Aufgaben als Teamleiter. Du wirst einen Großteil der Ressourcen schon in der Planungsphase bereitgestellt haben, aber in der Durchführungsphase wirst Du diese nicht nur parat haben müssen, sondern auch ständig nachprüfen müssen, welche weiteren Ressourcen benötigt werden. Denn Projekte haben nun einmal die Eigenschaft, sich ständig zu verändern.

Bei einem Softwareprojekt entscheidet der Kunde plötzlich, dass er eine 3D-Grafik will, die aber mit der vorhandenen Grafikengine nicht bewerkstelligt werden kann. Deine Aufgabe ist nun, zum einen die Kosten dafür zu berechnen, vor allem aber sicherzustellen, dass Dein Team die richtige Software bekommt, aber auch in der Lage ist, diese zu bedienen. Im Zweifelsfall kann das bedeuten, dass Teammitglieder ausgetauscht werden müssen oder das Team erweitert werden muss.

Ressourcen können alles sein, was die Arbeit des Teams erleichtert. Dabei geht es nicht allein um Ausrüstung, sondern auch um Dienstleistungen, Motivationen und generelle Annehmlichkeiten. Wenn Dein Team ständig Überstunden macht, kannst Du zum Beispiel einen freien Tag einlegen, oder aber versuchen zusätzliche Mitarbeiter zu bekommen, um die Arbeitslast zu verringern. Manchmal helfen auch kleine Dinge, wie eine einfache Kaffeemaschine in dem Büro, in dem gearbeitet wird, damit man nicht für jeden Kaffee in den 2. Stock laufen muss.

Du kannst aber auch soweit gehen, dass du Mitarbeitern, die einen Teil des Jobs lieber von zu Hause aus erledigen wollen, **ein Home Office einrichtest**. Gerade bei Ressourcen geht es immer darum, dass sie dem Team dazu dienen, eine bessere Arbeit zu leisten – solange es im finanziellen Rahmen bleibt. Deswegen wird in Projekten auch von Dir erwartet, dass bei der Bereitstellung von zusätzlichen Ressourcen der Businesscase erläutert wird: Wie hilft das, mehr Geld zu verdienen? Beim Home Office kann die Antwort beispielsweise sein, dass das Projekt dadurch schneller als bisher gedacht beendet werden kann und somit andere Ressourcen frei werden.

Ein Team, welches ausreichend ausgestattet ist, wird dies auch als von Dir kommende Unterstützung verstehen, was wiederum die Motivation, Loyalität und letztlich auch die Arbeitsleistung verbessert.

Du wirst als Teamleiter gerade was die Ressourcen angeht immer zwischen zwei Stühlen sitzen: Zum einen willst Du Deinem Team die bestmögliche Arbeitsumgebung bieten, zum anderen gibt es natürlich die Stakeholder des Projekts, die vor allem einen Blick auf die Finanzen haben. Der Bereich der Ressourcen ist einer jener, in denen der Teamleiter in der Regel allein entscheiden muss, weil hier ein Konsens im Team allein nicht helfen kann.

Selbstorganisation fördern

Der Begriff des Teamleiters oder Teamleaders beinhaltet oftmals, dass diese Person auch die Entscheidungen trifft. Nichts ist aber weiter von der Wahrheit entfernt: ein guter Teamleiter trifft so wenige Entscheidungen wie möglich. Vielmehr wirst Du versuchen müssen, sich Dein Team so weit wie möglich selbst organisieren zu lassen. Solltest Du in der Softwareprogrammierung arbeiten, werden Methoden wie Scrum das ohnehin fordern: Hier entscheidet das Entwicklungsteam eigenständig, wie es die aus dem Product Backlog entnommenen Tasks bearbeitet. Bei Kanban wird ebenfalls gemeinsam besprochen, welche Aufgaben in die nächste Kategorie verschoben werden. Aber auch in Projekten und sogar Unternehmen, die nichts mit Software oder Technologie zu tun haben, wird Selbstorganisation immer mehr gefördert.

Ein Beispiel, wie daraus sogar ein Geschäftsmodell werden kann, ist die niederländische Firma Buurtzorg. Sie wurde von Jos de Blok gegründet, der zunächst einen Pflegedienst betrieb. Es stellte sich heraus, dass durch die zentrale Planung die Pflegekräfte kaum mehr Zeit für Patienten hatten, es aber auch Fehldispositionen gab. Es wurde immer komplizierter, die Einsätze zu koordinieren. Mit dem Team zusammen wurde das Nachbarschaftsprinzip entwickelt (Buurtzorg bedeutet Nachbar-

schaftshilfe). Die Pflegekräfte bekommen dabei feste Patienten, mit denen sie 61 Prozent der zur Verfügung stehenden Zeit auch wirklich verbringen müssen. Sie können sich den Tag weitgehend selbst einteilen, und dadurch, dass sie mit den Patienten mehr Zeit verbringen, wird die Pflege auch besser und letztlich reduzierte das sogar den Pflegeaufwand. Mittlerweile ist die Firma in 25 Ländern tätig.

Ein Team sich selbst organisieren lassen, ist für den Teamleiter keine leichte Aufgabe, weil Du Dich natürlich fragen wirst, was für Dich dann noch an Arbeit übrigbleibt. Tatsächlich ist das aber eine Menge, und es ist vor allem Arbeit, die bislang vielleicht durch zu viel Mikromanagement liegen blieb. Viele Aufgaben, von denen Du denkst, dass Du sie erledigen musst, kann das Team auch selbst lösen. Denke nur an Urlaubsanträge: das Team kann auch untereinander entscheiden, wer wann Urlaub machen kann.

Hier noch ein paar Fragen, die Dir helfen können, Aufgaben an das Team zu übertragen:

Welche Verwaltungsaufgaben, die das Team betreffen, machst Du derzeit?

Wie groß ist der Zeitaufwand?

Wer macht Deine Arbeit, wenn Du im Urlaub bist (daraus kannst Du ableiten, dass auch andere Deine Arbeit machen können)?

Wo siehst Du Micromanagement von Deiner Seite?

Eine neue Regel in der Teamführung ist, dass man ein Team alle Probleme zuerst selbst lösen lässt, aber darüber hinaus auch, dass man es sich selbst organisieren lässt. **Erst wenn das Team nicht mehr weiterweiß, fragt es den Teamleiter.** Und darin liegt dann auch Deine Aufgabe. Teams müssen nicht auf alle Zeit eine Person haben, die sie leitet oder gar führt. Zunehmend ist es Praxis, dass die Teamleitung im Laufe der Zeit entweder ins Teams integriert wird oder deren Aufgaben von verschiedenen Teammitgliedern wahrgenommen werden.

Deine Aufgaben sind dann jene, die vor allem das Gesamtbild betreffen: Du achtest darauf, dass die Ziele nicht aus dem Auge verloren werden, Du schaffst Ressourcen, Du schirmst Dein Team von negativen Einflüssen ab, Du hilfst mit Expertise und auch direkt im Team, indem Du selbst Hand anlegst, wenn es benötigt wird.

Teamkultur entwickeln und beobachten

Das Team zusammenzuhalten ist ebenfalls Deine Aufgabe als Teamleiter, und damit eng verbunden ist die Entwicklung einer Teamkultur. In der Planungsphase wird sich oft schon herausstellen, wie ein Team sich sozial zusammensetzt, und Du wirst vor allem die verschiedenen Persönlichkeiten kennenlernen und analysieren können. Die Kultur eines Teams entwickelt sich aber erst in der Durchführungsphase, wenn es plötzlich zu Spannungen und Konflikten kommt, aber auch wenn man Aufgaben gemeinsam gemeistert hat. Was aber bestimmt die Teamkultur? In der DIN 69905, die sich mit Projekten beschäftigt, wird die **Teamkultur als „Gesamtheit der von Wissen, Erfahrung und Tradition beeinflussten Verhaltensweisen der Projektbeteiligten und deren generelle Einschätzung durch das Projektumfeld"**[33] bezeichnet. Das wird Dir im konkreten Projekt aber nicht viel weiterhelfen. Eine Checkliste, um das Team und seine Kultur zu analysieren, hat das Personalamt des Kantons Bern[34] in der Schweiz einmal zusammengestellt:

---

[33] Bechler, K. J. (2005): DIN Normen im Projektmanagement, BDU Servicegesellschaft für Unternehmensberater mbH

[34] Personalamt des Kantons Bern: URL:
https://www.fin.be.ch/fin/de/index/personal/personalentwicklung/fuehrung/LeitfadenCPM/Checklisten-Formulare.asse-tref/dam/documents/FIN/PA/de/49._checkliste_zur_beurteilung_der_teamsituation.doc [Stand: 18-10-2018]

	+ ++ +++	- -- ---
Die Kommunikation zwischen den Teammitgliedern ist intensiv und offen.		
Konflikte werden offen diskutiert und es wird gemeinsam nach einer Lösung gesucht.		
Die Teammitglieder sind zufrieden und motiviert.		
Die Entscheidungsprozesse sind effizient.		
Das Team hat gemeinsame Wertvorstellungen.		
Das Team verfolgt gemeinsame Ziele.		
Die gegenseitige Unterstützung bei der Aufgabenerfüllung ist intensiv.		
Spielregeln für die Teamzusammenarbeit		

wurden gemeinsam vereinbart und werden eingehalten.	172	
Das Team beherrscht die Fähigkeit zur Problemlösung.		
Die Fluktuation der Teammitglieder ist gering.		
Das Team ist fähig, neue Mitglieder rasch zu integrieren.		
Die einzelnen Mitglieder identifizieren sich zu einem hohen Grad mit dem gesamten Team.		
Es gibt viel persönliche Sympathie zwischen den einzelnen Mitgliedern.		
Das Team ist innovationsfähig.		
Innerhalb des Teams herrscht Klarheit bezüg-		

lich Arbeitsteilung und Verantwortungen.		
Das Arbeitsklima im Team ist unbürokratisch.		
Die Arbeitsatmosphäre ist engagiert.		
Die Teammitglieder verhalten sich loyal gegenüber einem gefällten Entscheid.		
Es gibt wenig Anzeichen für Macht- oder Prestigekämpfe im Team.		
Das Team ist sich selbst gegenüber kritisch.		
Summen		

Du kannst jede Aussage mit ein bis drei Pluszeichen oder ein bis drei Minuszeichen (oder auch nur einem Plus und einem Minus) bewerten. Am Ende kannst Du eine Summe bilden, bei der hoffentlich die Plus-Anzahl überwiegt. Bedenke aber, dass Kultur sich nicht wirklich in Zahlen ausdrücken lässt. Wichtig ist auch, dass Du die Aussagen so ehrlich wie möglich bewertest. Und es kann auch nicht schaden, wenn das

Team selbst diese Liste ausfüllt – das kann auch anonym geschehen. So ein Prozess dauert nicht lange, kann aber viel Aufschluss darüber geben, wie die Situation im Team ist. Und es ist auch schon vorgekommen, dass es zwischen der Eigeneinschätzung des Teams und der des Teamleaders eine große Diskrepanz gab.

Damit diese Listen nicht nur Einsicht bringen, sondern auch einen konkreten Nutzen haben, solltest Du nach Beantwortung der Fragen einen Maßnahmenkatalog aufsetzen, wie Du bestimmte Felder verbessern kannst. Auch das kann wieder mit dem Team gemeinsam besprochen werden, wenn die Zeit dafür vorhanden ist.

Teams weiterentwickeln
Eine dritte Phase, die aber während des Projekts quasi parallel zur Durchführungsphase läuft, ist die der Weiterentwicklung des Teams. Dazu gehören sowohl die Weiterbildung als auch die innere Fortbildung. Am besten geht das, wenn Teammitglieder voneinander lernen können, Dazu müssen sie aber erst einmal wissen, welche Kenntnisse sie weitergeben können und sollen.

In einer amerikanischen Entertainmentpark-Kette hat das Management sogenannte Spotlight-Karten eingeführt. Diese werden von den Teamleitern an Mitarbeiter gegeben, die etwas Besonderes geleistet haben. Sie sind aber keine Auszeichnung, sondern eher eine Beobachtung: Auf der Karte steht, was der Teamleiter beobachtet hat und warum ihm das gefallen hat. Die Karte muss dann noch von zwei weiteren Managern unterschrieben werden und wird schließlich für alle sichtbar ausgehängt.

Du wirst immer besser fahren, wenn Du Dein Team positiv motivierst, anstatt Mitarbeiter zu kritisieren. Fehler passieren immer und sie sollten im Team besprochen werden und als Gelegenheit genutzt werden, um stets besser zu werden und daraus zu lernen. Damit diese Kultur sich auch entwickeln kann, muss das Team auch innerlich motiviert sein.

Heldenübung

Um sich gegenseitig besser kennenzulernen, kannst Du während einer Pause das Heldenspiel einführen. Dabei versammelt sich das Team, und jeder muss einem anderen Teammitglied eine Superhelden-Rolle zuordnen. Das kann ein existierender Held wie Superman sein, kann aber auch ein Superheld sein, den man gerade erfunden hat, wie Kopierer-Man oder Leadership-Woman. Bei diesem Spiel geht es vor allem darum, zu erklären, warum man meint, die Person sei ein Superheld. Hintergrund ist, dass so die positiven Eigenschaften herausgestellt und den anderen mitgeteilt werden.

Eine andere Methode ist die **Schlechter-Tag-Tafel,** die bei Time Warner[35] erfunden wurde. Im Rahmen einer Anti-Stress-Kampagne wurden die Namen aller Mitarbeiter an Magneten befestigt und auf einer Metalltafel angebracht. Die Tafel hatte positive und negative Bereiche, wer sich schlecht fühlte, konnte seinen Namen selbst verschieben. Zunächst war das dazu gemacht, um anderen mitzuteilen, dass man vielleicht etwas schlecht gelaunt ist. Was aber letztendlich geschah war, dass diese Mitarbeiter von ihren Kollegen aufgemuntert wurden.

Mit solchen Übungen wirst Du die innere Verfassung des Teams und Bindungen im Allgemeinen stärken. Natürlich wird es immer wieder Menschen geben, die andere nicht mögen, weil die Chemie einfach nicht stimmt. Dennoch sollte das Team auf gegenseitigem Respekt basieren, statt auf persönlichen Animositäten.

---

[35] Mai, J. (2015): Mitarbeiter motivieren: 31 Tipps und Beispiele: Karriere Bibel. URL: https://karrierebibel.de/mitarbeiter-motivieren-beispiele/ [Stand: 22-09-2018]

Sonderfall Remote Teams führen

Immer mehr Teams werden heute virtuell zusammengestellt, sowohl über Länder- und Zeitzonengrenzen hinweg, als auch innerhalb von Unternehmen. Möglich macht das die elektronische Vernetzung: Wir haben heute Instrumente wie Slack, Google Drive oder Twist, um in einem Team zu kommunizieren, ohne wirklich physisch anwesend zu sein. Für Dich als Teamleiter bringt das einige besondere Herausforderungen mit sich.

Weniger Teamplay

In den meisten Fällen werden die Mitglieder von virtuellen Teams weniger zusammenarbeiten, als wenn man in einem Raum zusammensitzt. Das bedeutet nicht, dass es keine Zusammenarbeit geben wird, sie jedoch in virtuellen Teams weitaus mehr an den Tasks und Inhalten orientiert ist, als beispielsweise an der Gruppendynamik. Dem Virtual Teams Survey Report – 2016 kann man nicht nur eine **wachsende Bedeutung dieser Form der Zusammenarbeit** entnehmen, sondern auch weitere informative Einordnungen (Basis: 1.372 Teilnehmer aus 80 Ländern mit anglo-amerikanischer

Dominanz)[36]. Die stärkste Gruppe waren 35-50-Jährige, davon 53% Frauen aus Unternehmen mit über 50.000 Beschäftigten verschiedenster Branchen. 36% waren Führungskräfte. Von den Teilnehmerinnen und Teilnehmern arbeiteten 85% in virtuellen Teams, 63% in mehreren. 20% sind sogar mehr als die Hälfte des Tages dafür eingespannt (32% unter 10%). Die Multikulturalität, der hier vielfach cross-border gebildeten Teams, spielt logischerweise eine nennenswerte Rolle. Damit entstehen notgedrungen auch zeitliche Erschwernisse in der möglichen Zusammenarbeit."

In dieser Untersuchung werden auch die Herausforderungen benannt, die Teammitglieder sehen:

- Arbeit über Zeitzonen hinweg (85%)

- Teammitglieder, die sich nicht ausreichend einbringen (79%)

- Unpassendes Tempo bei der Entscheidungsumsetzung und zu viel Zeit für die Entscheidungsfindung (79% / 75%)

- Unklare Rollenerwartungen bei Teammitgliedern (74%)

- Unbefriedigendes Commitment zur Aufgabenerledigung bei Teammitgliedern (74%)

---

[36] Weibler, J. (2017): Virtuelle Teams und Digitale Führung: Leadership Insiders. URL: https://www.leadership-insiders.de/virtuelle-teams-und-digitale-fuehrung/ [Stand: 26-09-2018]

Unterschiedliche Auswahl der Mitglieder

Bei der Auswahl von Teammitgliedern, die virtuell zusammenarbeiten, stehen deren Kenntnisse und spezifischen Skills weitaus mehr im Vordergrund, als die eher weichen Faktoren. Die meisten Remote-Teammitglieder arbeiten eigenständig, oft auch von zu Hause aus oder als externe digitale Nomaden. Sie werden höchstens zu Konferenzschaltungen gerufen, oftmals kennen sich die Teammitglieder untereinander nicht persönlich und müssen das auch nicht. Gerade in größeren Unternehmen wirst Du virtuelle Teams haben, bei denen die Mitglieder neben dem Projekt auch noch ihren Hauptjob erfüllen müssen. Kriterien für die Auswahl sind bei virtuellen Teams:

- Standort und Zeitzone

- Kenntnisse von elektronischen Instrumenten für virtuelle Zusammenarbeit

- Große Selbstdisziplin

- Meistens gute Englischkenntnisse (für internationale Teams)

Ein Beispiel, wie eine Firma komplett virtuell arbeitet, ist das Taskmanagement Todoist. „Unsere 60 Mitarbeiter kommen aus 28 verschiedenen Ländern, von Jamaika über Polen, Taiwan und Australien. Wir sind Männer und Frauen, homosexuell und heterosexuell, religiös und Atheisten. Unsere Fern-Firma versucht in allen Bereichen grenzenlos zu sein – wir glauben, das ist die Zukunft der Arbeit."[37] Wie erfolgreich das sein kann, zeigt auch die Tatsache, dass Todoist bislang nicht einen Dollar an Venture Capital bekommen musste, und dennoch zu einem Weltmarktführer wurde.

Neue emotionale Kompetenz für den Teamleiter

Da die Kommunikation in virtuellen Teams meist ausschließlich elektronisch passiert, wirst Du auch in der Lage sein müssen, Emotionen nur basierend auf diesen Informationen zu verstehen. Das ist schwierig, denn man kann nicht alles in einem Emoji ausdrücken. Hinzu kommt, dass zum Beispiel im Bereich Gestaltung und Softwareprogrammierung Freiberufler einen etwas anderen Lebensstil pflegen und selten mit den Umgangsformen in Konzernen vertraut sind (oder sein wollen). Vieles wird in virtuellen Teams lockerer ge-

---

[37] Doist Ltd.: At Doist, we do things a little different. URL: https://doist.com/about-us/ [Stand: 07-10-2018]

nommen, allerdings sind Konflikte auch nicht so schnell sichtbar, wie beispielsweise das verärgerte Gesicht eines Mitarbeiters, dem man auf dem Gang begegnet.

Mehr Disziplin

In einem Team, welches in einem Büro zusammenarbeitet, kannst Du schnell mal sagen „Alle mal herhören" um die notwendige Aufmerksamkeit zu bekommen. Virtuell wird das schwierig. So ein Ausruf wird im Slackstream höchstwahrscheinlich schnell nach unten transportiert. Um alle zu erreichen, gerade wenn es sich um verschiedene Zeitzonen handelt, musst du sehr genau planen und diszipliniert vorgehen. Gleiches gilt für den **Umgang der elektronischen Kommunikation**: Hier wirst Du Regeln einführen müssen, wie man diese Instrumente miteinander benutzt, ohne in einem ständigen Strom von Nachrichten und Benachrichtigungen unterzugehen. Diese Regeln sollten den Teammitgliedern immer sichtbar sein. Du kannst sie in einem Dokumentenarchiv zum Beispiel nach oben stellen und dort fixieren, sodass Dein Team jederzeit nachsehen kann, wie etwas gemacht werden soll.

Neue Formen der Motivation

In einem virtuellen Team wirst Du eventuell auch neue Formen der Motivation finden müssen, denn eine emotionale Ansprache fruchtet da nicht. Läuft alles über elektronische Kommunikation, wird diese oftmals über Vertrauen gebildet. Mitarbeiter sind motiviert, wenn sie selbstständig arbeiten dürfen, aber die Teamleitung dies gleichzeitig auch anerkennt. Du wirst hier mit sehr viel mehr Lob arbeiten müssen, als bei einem physisch anwesenden Team. Gleichzeitig wirst Du achtgeben müssen, virtuell nicht allzu präsent zu sein.

Beispiel: Du kannst in Programmen wie Slack bestimmten Diskussionen und Topics, die vom Team eröffnet wurden, folgen. Nur weil Du allen folgen kannst, muss das aber nicht heißen, dass du es auch musst. Wenn Dein Team sieht, dass Du ihm bei allem was es macht über die Schulter schaust, wird das entweder Druck auslösen oder aber das Vertrauen beschädigen. Achte also sehr genau darauf, wie stark Deine Präsenz in einem virtuellen Projektmanagement und dessen Kommunikationstools ist.

Eine Methode der virtuellen Motivation ist den Spaßfaktor zu heben. Die meisten Teammitglieder werden allein vor dem Computer sitzen und da kann eine lustige Unterbrechung auch einmal hilfreich sein, um auf andere Gedanken zu kommen. Erlaube dem Team, auch mal ein witziges Video rumzuschicken, oder erstelle eine Bildergalerie mit lustigen Filtern. Das ist eine kurzweilige Ablenkung, die aber einen positiven Effekt auf die Motivation haben kann.

Macht und Einfluss

Durch die weitestgehende Auflösung einer ständigen Präsenz und einer wesentlich stärkeren Eigenverantwortung des Teams, wirst Du auch an Macht und Einfluss verlieren. Das mag zwar persönlich schwierig sein, muss aber kein wirkliches Problem darstellen. Denn die Vorteile eines virtuellen Teams sind ja gerade, dass die Arbeit effizienter (und oft kostengünstiger) erledigt werden kann. Natürlich wirst Du immer wieder die Versuchung spüren, Deine Position als Teamleiter deutlich zu machen. Sei Dir aber bewusst, dass besonders Machtspielchen in einem solchen Umfeld weniger beeindrucken. Gerade Freiberufler suchen sich heutzutage Projekte aus, weil sie Interesse daran haben, nicht aber weil sie dem Teamleiter unbedingt folgen wollen. Sie sehen diesen als Dienstleister, der ihnen das Arbeitsumfeld gestalten soll.

Derzeit wird in Management- und Führungskreisen diskutiert, wie eine digitale Führungskompetenz aussehen kann. Ein Schlagwort ist dabei Leadership on demand. Bei diesem

Modell wird eine Teamleitung nur anlassbezogen eingesetzt. Das Team oder die Gruppe ist in der Lage, sich komplett selbst zu organisieren und zu führen, und braucht eine Führung in vielen Fällen nur als Vertretung nach außen, zum Beispiel in Zusammenarbeit mit wichtigen Stakeholdern, oder aber wenn bestimmte Entscheidungen gefällt werden müssen. Das bedeutet auch, dass mit der Rolle des Teamleiters in diesem Fall keinerlei Macht oder Einfluss verbunden ist.

Digitale Tools

Als Digital Leader wirst Du umfangreiche Kenntnisse von digitalen Werkzeugen haben müssen. Heute kann von Dir erwartet werden, die fünf wichtigsten Projektmanagementsysteme sehr gut und die darauffolgenden fünf zumindest gut zu kennen. Wurde früher erwartet, dass Du Englisch sprichst, so wird das heute gar nicht mehr erwähnt, stattdessen wirst Du in der Lage sein müssen, mit Slack und ähnlichen Werkzeugen umgehen zu können, wie mit SMS und Word. Auch die Hardwarekontrolle funktioniert bei vielen virtuellen Teams nicht mehr: Du wirst sie nicht auf ein System festlegen können, welches seit Jahren in Deinem Unternehmen verwendet wird, und schon gar nicht verlangen können, sich bestimmte Programme und Plugins herunterzuladen, wenn sie nicht ausdrücklich für das Projekt wichtig sind. Die meisten Anbieter sind heute ohnehin webbasiert, und es ist üblich, dass Mitarbeiter ihre eigenen Geräte verwenden. Gerade Slack und Wrike sind heute auf dem privaten Handy installiert, um auch außerhalb der klassischen Arbeitszeiten Zugriff zu haben.

Mit der kompletten Digitalisierung kommt auch der Verlust der Informationshoheit. Wissen muss mit allen geteilt werden, das ist eine Grundvoraussetzung für die Zusammenarbeit. Ein Mitarbeiter kann nicht mehr darauf warten, dass Du ihm bestimmte Daten zur Verfügung stellst, auf die er wegen fehlender Rechte keinen Zugriff hast. Virtuelle Teams erwarten mehr als andere umfangreichen Zugang zu Informationen, um besser arbeiten zu können.

Internationale Teams in Slack führen

Eines der bekanntesten digitalen Werkzeuge, um in einem Team zu arbeiten, aber auch um Teams zu führen, ist Slack. Die Kommunikationssoftware macht es möglich, über Zeitzonen und Ländergrenzen hinweg, projektorientiert zu arbeiten, bringt aber auch einige Herausforderungen mit sich. Das Unternehmen selbst gibt auch Tipps, wie man Teams mit Slack führen kann:

Zunächst sollte man für das Projekt einen eigenen Channel eröffnen, in dem klargemacht wird, dass dieser asynchron ist: Das bedeutet, dass hier über verschiedene Zeitzonen hinweg gearbeitet wird und Fragen daher nicht gleich gelesen und beantwortet werden. Deswegen ist es auch wichtig, dass Beiträge kurz und prägnant sind. Auch sollten die wichtigsten Dokumente über das Projekt immer oben stehen, indem sie mit einer digitalen Stecknadel (Pin) versehen werden.

Bei Teams, die bislang noch nicht zusammengearbeitet haben, kannst Du auch vorschlagen, dass man die jeweiligen Profile ein wenig ausschmückt, mit Bildern und Beschreibungen, was man so in der Freizeit macht – so kann sich das Team eine bessere Vorstellung voneinander machen.

Slack stellt 5 Punkte heraus:

- In welchen anderen Teams ist die Person (so kann man sich ein Bild davon machen, welche Expertise die Person noch hat, und sie gegebenenfalls um Hilfe fragen)

- Kontaktinformationen und Notfallnummern, vor allem mit der Landesvorwahl und der entsprechenden Zeitzone, in der sich die Person befindet

- Eine Hilfe, wie ein Name ausgesprochen wird, um peinliche Situationen in Telefonkonferenzen zu vermeiden

- Das Geschlecht, da es in manchen Ländern Namen gibt, die für Männer und Frauen gleichermaßen verwendet werden

- Der Nachname wird großgeschrieben, weil in einigen Ländern der Nachname vor dem Vornamen geschrieben wird

Du kannst den Namen auch noch Symbole hinzufügen, die
zum Beispiel den Ort darstellen, an dem jemand arbeitet,
und die dann automatisch zu deren Statussymbolen hinzu-
gefügt werden. Slack erlaubt es, eigene Emojis hochzuladen,
die für diesen Zweck verwendet werden können.

Slack selbst hat zum Beispiel für seinen Kundenservice einen
sogenannten Triage-Channel eingerichtet, der die Kontinen-
te Amerika, Australien und Europa abdeckt:

„Unser eigenes Kundendienst-Team ist ein Weltmeister, wenn es darum geht, Infor-mationen in Slack zu verteilen. Es hat einen Triage-Kanal eingerichtet, in dem die Mitarbeiter Kundenanfragen priorisie-ren und sortieren können. Für diese Aufgabe, die lebenswich-tig für das Unternehmen ist, haben wir sichergestellt, dass Teammitglieder aus unseren Büros in Australien, Nordameri-ka und Westeuropa in einer 24-Stunden, rund-um-die-Uhr-Verfügbarkeit bereitstehen. In den Triage-Kanälen geht es meisten darum, einen Überblick über die wichtigsten Infor-mationen zu geben, zum Beispiel wer gerade Dienst hat und im Falle eines Problems benachrichtigt werden kann."

Virtuelle Teams in Kanban führen

Eigentlich ist Kanban eine agile Methode, in deren Herzen das gemeinsame Gespräch vor einer Tafel steht, insbesondere auch weil es eigentlich aus der Autoproduktion stammt und in der Regel ortsgebunden war. Dennoch kann Kanban mit Tools wie Trello auch verwendet werden, um Teams digital zu führen. **Grundlage bieten die klassischen Spalten „To do", „Doing" und „Done"** sowie Erweiterungen je nach Ansprüchen eines Projekts. Kanban ist immer dann für virtuelle Teams geeignet, wenn es darum geht, dass die Arbeit schnell und gleichmäßig vonstattengeht. Es wurde einst eingeführt um sicherzustellen, dass immer genügend, aber gleichzeitig nicht zu viele Teile für die Autofertigung zur Verfügung standen und bildete die Basis für die Just-in-Time-Produktion.

Wenn es in einem virtuellen Team klar definierte Aufgaben gibt, die abgearbeitet werden müssen, dann ist Kanban eine gute Methode. Es gibt vor allem einen schnellen Überblick darüber, wie das Team arbeitet und ob es Engpässe oder Leerlauf gibt. Es ist weniger gut geeignet, wenn man viel diskutieren und sich austauschen muss, auch wenn die meisten Tools wie Trello Kommentarfunktionen haben. Mit Kanban kannst du vor allem sicherstellen, dass der Arbeitsfluss gleichmäßig ist. Gerade bei virtuellen Teams kann schon einmal der Überblick verloren gehen, wer wann an was arbeitet. Kanban zeigt Dir unabhängig von den Zeitzonen an, wie der Fortschritt ist.

Kanban braucht klare Regeln und Vorgaben, wie die Arbeit ausgeführt werden soll. Das hat für Dich aber große Vorteile, weil Du Dich bei dieser Art der Teamführung wirklich auf das Gesamtbild konzentrieren kannst und nur dann eingreifen musst, wenn der Arbeitsfluss ins Stocken kommt oder andere Probleme auftauchen. Du wirst eine überwachende Funktion haben, vergleichbar mit einem Ingenieur in einem Kraftwerk oder einem Filmproduzenten, der die notwendigen Mittel für einen Film zur Verfügung stellt, aber auch darauf achten muss, dass der Drehplan und vor allem das Budget eingehalten werden.

Zusammenfassung

Wenn Du am Ende dieses kleinen Buches angelangt bist, solltest Du einen ersten Überblick bekommen haben, wie Du Teams leiten und führen kannst. Ganz gleich ob Du zum ersten Mal mit dem Thema Teamführung zu tun hast oder bereits erste Erfahrungen gesammelt hast: Jetzt solltest Du zumindest das wesentliche Handwerkszeug besitzen.

Teamführung hat bereits viele Autoren und Wissenschaftler beschäftigt, und fast wöchentlich entwickelt jemand eine neue Methode der Team- und Mitarbeiterführung. Du solltest Dich davon aber nicht verunsichern lassen, denn die beste Methode ist oft die, mit der Du und Dein Team zufrieden sind. **Wichtiger als die Theorie ist die Praxis,** und wenn Du erst mehrere Teams geführt hast, wirst Du feststellen, dass jedes Team anders ist. Die Menschen sind andere, die Aufgaben sind verschieden, das Umfeld ändert sich.

Deine Kunst besteht darin, Dich auf diese wechselnden Umstände einstellen zu können. **Eine der wichtigsten Eigenschaften eines Teamleiters in der Zukunft ist die Flexibilität.** Du wirst Dich ständig neu erfinden müssen, wirst erleben, dass Du selbst mit dem gleichen Team neue Aufgaben anders bewältigen musst.

Da die moderne Arbeitswelt zunehmend von Teamstrukturen geprägt ist, wirst Du in Zukunft als Teamleiter genug zu tun haben. Forscher gehen davon aus, dass Tätigkeiten, die automatisiert werden können, bald von Computern und Robotern erledigt werden können. Führung von Teams und Mitarbeitern gehört aber nicht dazu, denn es brauchte hier die menschlichen Fähigkeiten, die oft über Erfolg und Misserfolg entscheiden. Selbst wenn in Zukunft der Winterdienst von einer Flotte von selbstfahrenden Fahrzeugen erledigt wird, so wird es immer noch ein Team geben, dass diese Fahrzeuge wartet und repariert, sich um die Software und Hardware kümmert und den Betrieb an sich leitet.

Zum Schluss nochmal die wichtigsten Eigenschaften, die Du als Teamleiter brauchst und an denen Du arbeiten solltest, wenn du Dich verbessern willst.

- Kommunikationsfähigkeit und soziales Verhalten (Teamfähigkeit)

- Eigener Antrieb und Motivation

- Verlässlichkeit und Gewissenhaftigkeit

- Fähigkeit, andere zu motivieren

- Innovativ und visionär

- Ehrlich

- Bereitschaft, Risiken einzugehen

- Vertrauen schaffen

- Intelligenz

- Gute Kenntnisse der Firmenstrukturen

In Hinsicht auf Methoden solltest Du mit den Grundlagen der wichtigsten Projektmanagementmethoden vertraut sein:

- Projektmanagement mit Meilensteinen und Gantt Charts, z.B. Prince2
- Agiles Projektmanagement, zum Beispiel Scrum und Kanban

Um virtuelle Teams zu führen, solltest Du entsprechende Software kennen:

- Asana
- Basecamp
- Slack
- Trello
- Wrike

Nachdem Du gelernt hast, was Du alles machen solltest und kannst, hier noch eine Liste der häufigsten Fehler, die Teamleiter machen, und die Du auf jeden Fall vermeiden solltest:

Mikromanagement

Wenn die Mitarbeiter heute etwas auf die Palme bringt, dann ist es ein Chef, der sich in alles einmischt und versucht, alles zu kontrollieren. Deine Aufgabe ist es nicht, die Arbeit des Teams zu machen oder ihm ständig über die Schulter zu schauen, sondern ihm ein optimales Umfeld zu bieten. Besonders schlimm ist es, wenn Du Anweisungen gibst, ohne den Mitarbeiter um Rat gefragt zu haben.

Um Entscheidungen drücken

Wenn die Rolle des Teamleiters eine Funktion hat, dann Entscheidungen zu treffen, wenn kein Konsens gefunden werden kann. Solche Entscheidungen können bisweilen schmerzhaft sein, wenn zum Beispiel ein Mitglied aus dem Team entfernt werden muss. Aber genau dafür wirst Du bezahlt: Schwierige Entscheidungen zu treffen und vor allem auch zu diesen zu stehen. Ein Team, dessen Leiter Probleme damit hat, sich entscheiden zu können, ist im besten Fall orientierungslos, im schlimmsten Fall nutzt es das für sich aus – und meistens zu Lasten des Projekts.

Fachidiot sein

Es ist relativ unerheblich, was Du studiert hast und ob
Du die aktuellen Zahlen des Burndown Charts genaues-
tens analysiert hast, wenn es darum geht, Mitarbeiter
zu motivieren. Für fachliche Dinge hast Du Spezialisten,
und Führung ist vor allem eine emotionale Angelegen-
heit. Mit Fachwissen beeindrucken, wird schnell als Ar-
roganz ausgelegt (ausgenommen es wird als Kompetenz anerkannt).

Keine Fehler eingestehen

Jeder macht Fehler, und auch Du wirst diese machen.
Teamleiter sollen nicht fehlerfrei sein und wenn Du
etwas falsch gemacht hast, solltest Du das so früh wie
möglich erkennen und auch kommunizieren. In einem
Team geht es nicht darum, wie gut Du dastehst und
wie toll Du Dich selbst findest, sondern darum, dass die
Arbeit gemacht wird und das Projekt zu Ende geführt
wird.

Rechtliches und Impressum

Das Werk einschließlich aller Inhalte ist urheberrechtlich geschützt. Der Nachdruck oder Reproduktion, gesamt oder auszugsweise, sowie die Einspeicherung, Verarbeitung, Vervielfältigung und Verbreitung mit Hilfe elektronischer Systeme, gesamt oder auszugsweise, ist ohne schriftliche Genehmigung des Autors untersagt. Alle Übersetzungsrechte vorbehalten.

Die Inhalte dieses Buches wurden anhand von anerkannten Quellen recherchiert und mit hoher Sorgfalt geprüft. Der Autor übernimmt dennoch keinerlei Gewähr für die Aktualität, Richtigkeit und Vollständigkeit der bereitgestellten Informationen.

Haftungsansprüche gegen den Autor, welche sich auf Schäden gesundheitlicher, materieller oder ideeler Art beziehen, die durch Nutzung oder Nichtnutzung der dargebotenen Informationen bzw. durch die Nutzung fehlerhafter und unvollständiger Informationen verursacht wurden, sind grundsätzlich ausgeschlossen, sofern seitens des Autors kein nachweislich vorsätzliches oder grob fahrlässiges Verschulden vorliegt. Dieses Buch ist kein Ersatz für medizinische oder professionelle Beratung und Betreuung.

Dieses Buch verweist auf Inhalte Dritter. Der Autor erklärt hiermit ausdrücklich, dass zum Zeitpunkt der Linksetzung keine illegalen Inhalte auf den zu verlinkenden Seiten erkennbar waren. Auf die verlinkten Inhalte hat der Autor keinen Einfluss. Deshalb distanziert der Autor sich hiermit ausdrücklich von allen Inhalten aller verlinkten Seiten, die nach der Linksetzung verändert wurden. Für illegale, fehlerhafte oder unvollständige Inhalte und insbesondere für Schäden, die aus der Nutzung oder Nichtnutzung solcherart dargebotener Informationen entstehen, haftet allein der Anbieter der Seite, auf welche verwiesen wurde, nicht aber der Autor dieses Buches.

Quellenverzeichnis

Bass, B. M. (1985): Leadership and performance beyond expectations., The Free Press, New York

Bechler, K. J. (2005): DIN Normen im Projektmanagement, BDU Servicegesellschaft für Unternehmensberater mbH

Doist Ltd.: At Doist, we do things a little different. URL: https://doist.com/about-us/ [Stand: 07-10-2018]

Dornseif: Wofür wir stehen. URL: http://www.dornseif.de/unternehmen/philosophie/ [Stand: 10-09-2018]

Duncan, P. (2018): Sebastian Vettel: We stood no chance the way that we raced in Singapore. URL: https://www.telegraph.co.uk/formula-1/2018/09/16/sebastian-vettel-stood-no-chance-way-raced-insingapore/ [Stand: 10-10-2018]

Dweck, C. S. (2015): The Secret to Raising Smart Kids: Scientific American. URL: https://www.scientificamerican.com/article/the-secret-to-raising-smart-kids1/ [Stand: 20-09-2018]

Gibson, C.; Vermeulen, F. (2003): A healthy divide: Subgroups as a stimulus for team learning behavior, Administrative Science Quarterly, S.202-239

Hedges, K. (2015): Four Ways To Challenge Employees To Reach Their Potential. URL: https://www.forbes.com/sites/work-in-progress/2015/02/19/four-ways-to-challenge-employees-to-reach-their-potential/#32d34b862889 [Stand: 05-10-2018]

Hiller, N. J.; Day, D. V.; Vance, R. J. (2006): Collective enactment of leadership roles and team effectiveness: A field study: Leadership Quarterly, S.387-397

Huffington Post (2016): Die 5 Phasen der Gruppendynamik. URL: https://www.huffingtonpost.de/thorsten-boschs-insider/die-5-phasen-der-gruppendynamik_b_8970606.html [Stand: 14-09-2018]

Jumpertz, S. (2016): Zukunft der Führung, Transparenz total?, ManagerSeminare, Heft 223

Mai, J. (2015): Mitarbeiter motivieren: 31 Tipps und Beispiele: Karriere Bibel. URL:

https://karrierebibel.de/mitarbeiter-motivieren-beispiele/ [Stand: 22-09-2018]

Martens, A. (2015): Macht in Bewegung: Führen ohne Hierarchie: ManagerSeminare, Heft 207

Morgeson, F. P.; DeRue, D. S.; Karam, E. P. (2009): Leadership in Teams: A Functional Approach to Understanding Leadership Structures and Processes: Journal of Management. URL: https://doi.org/10.1177/0149206309347376 [Stand: 30-09-2018]

Personalamt des Kantons Bern: URL: https://www.fin.be.ch/fin/de/index/personal/personalentwicklung /fuehrung/LeitfadenCPM/Checklisten-Formulare.assetref/dam/documents/FIN/PA/de/49._checkliste_zur _beurteilung_der_teamsituation.doc [Stand: 18-10-2018]

The Open University; Hall, W.; Keynes, M. (2016): How teams work, S. 7 f.

Weibler, J. (2017): Virtuelle Teams und Digitale Führung: Leadership Insiders. URL: https://www.leadership-insiders.de/virtuelle-teams-und-digitale-fuehrung/ [Stand: 26-09-2018]

www.ingramcontent.com/pod-product-compliance
Lightning Source LLC
LaVergne TN
LVHW041312200726
843509LV00009B/470